JN185518

CYBORG'S RELIGIO

Generating Mind in the Big Data Society

# 電脳のレリギオ

ビッグデータ社会で心をつくる

ドミニク・チェン

Dominique Chen

NTT出版

目次

# 電脳のレリギオ——ビッグデータ社会で心をつくる

# 1　情報に情けと報いは宿るか

「情報には情けも報いもない」―安念真吾（Shing02）

## 生きている情報

あなたは「情報」という言葉を目にした時、どのようなイメージを思い浮かべるでしょうか。

右に引用した現代の詩人の一節は、僕がいつも心の片隅にしまって時々思い出している言葉です。「情け」と「報い」という、とても湿った感情を想起させる字から成る「情報」という言葉が、現代においては情念的なものからはほど遠い、無機質な印象を与えるというのは皮肉なことです。しかし、僕は逆に「情報」とは何かという研究を通して、情報をとても活き活きとした、生命のような存在として捉えるようになりました。

少しだけ、「情報」という日本語の言葉の成り立ちについて振り返ってみましょう。そもそも「情」や「報」とは本当にウェットな意味合いしか持たないかというと、そうではありません。同じ「情」という字は「状況」と同義の「情況」という言葉でも使われていますし、「報」もたとえば「報告」や「広報」といったやはり無機的な印象の言葉にも使われています。漢字は現実の現象をもとに描かれた文字なので、個々の字がさまざまな意味を持つ傾向があるという本質が表れている興味深い一例だと言えます。

とこで「情報」という日本語の言葉は比較的新しく作られたものだそうです。一九世紀末から二〇世紀の中頃まで、主に軍事的な文脈において、フランス語の「ランセニュマン（renseignement）」や英語の「インフォメーション（information）」の訳語として徐々に定着していったというのが通説です。

英語は北欧のゲルマン民族系の言葉に加えてフランス語の言葉を大量に吸収しながら形成されてきた言語ですが、フランス語もまたローマ帝国からは蛮族とみなされたゴール民族の言葉を起源としながらもラテン語を源流として成長してきた言葉です。なので、英語の information も古フランス語の「アンフォルマション（information, enformation）」を採用したものと言われています。

フランスでは、一部の学校では小学校のうちにラテン語の授業を行いますが、一度源流の基礎がわかると、同様にラテン語に端を発するイタリア語やスペイン語などの地中海系の言語もおおよそ推測できるようになります。たとえばラテン語では接頭辞と、それに続く言葉の組み合わせから成る言葉が多くあるので、複数の接頭辞の意味を押えれば、その言葉がどのような意味なのかがパッと見て半分ぐらいわかります。

それではさらにさかのぼってみましょう。「インフォメーション」の源流であるとされるラテン語では、「インフォルマーレ（informare）」という動詞から派生した「インフォルマチオ（informatio）」という名詞が存在します。ラテン語の接頭辞「in」は、「〜に」「〜の中に」という意味を持ち、続く「form」はフォームという現代英語と同様に「形」という意味です。このつながりからもなんとなくわかるように、ローマ人はもともとラテン語の informatio という言葉で「概要、コンセプト、アイデア」、つまり「思考に形を与える」という意味を表していました。[1] 転じて、「アドバイスを行う」「伝える」という意味も派生したと言われています。

いかがでしょうか。この「思考に形を与えるもの」という表現は、「情報」という二つの漢字が醸し出す冷たい雰囲気よりもずっと活き活きとしたイメージを生み出さないでしょうか。

僕が本書で読者の皆さんにお伝えし、提案したいことは至ってシンプルです。僕たちが生きている今日の情報社会の行く先には、決して人工知能に人間が支配される冷たい世界ではなく、むしろ人間の「情け」や「報い」といった自然な感性に情報技術が寄り添う世界を設定できるはずだということ。そのためには「情報」というものに対するさまざまな偏見や誤解を払拭し、むしろ人間を活性化させる存在として捉えなおすことで人間と情報のポジティブな関係を再定義することが重要だ、ということです。

## 文学としての情報技術

「ビッグデータ」という用語が情報技術産業の代名詞のようにメディアで喧伝されるようになってすでにある程度の時間が経っているように感じますが、インターネット全体が理解不可能な、まるで一つの巨大なブラックボックスになってしまっているようなイメージが世間に広まっているようにも感じます。最大の問題は、そのイメージがある程度実態を反映しているということです。

情報技術に明るい人たちでさえも、未来の情報技術のありさまが予測できない、そのような時代に僕たちは生きています。二〇一四年後半に、「車椅子の科学者」として著名な宇宙物理学者であるイギリスのスティーブン・ホーキング博士や、現在世界で最も注目されている経営者の一人であるアメリカのイーロン・マスク氏が「人工知能（＝情報技術）は人類に対する脅威になっている」ということを異口同音に話しているのは決して偶然ではありません。どのような脅威が迫っているのかについては後の章で詳しく見ていきますが、最前線にいる技術者や経営者でさえ、自分たちがその一端を担っている情報技術がどのように個々の人間、ひいては社会全体に影響するのかということをあらかじめ知っているわけではないのです。

それではこの状況の中でどうするべきか、そして何ができるのかと自問した時に、僕たちには大きく分けて二つの選択肢が考えられるでしょう。一つ目は「情報技術から遠ざかって生きること」。もう一つは「情報技術の発展を追いかけ続けること」。

前者の方法は、自分一人については採用できるかもしれませんが、周囲の人間全員を説得するのは非常に難しいでしょうし、何より情報技術の暴走に対する歯止めにはならないでしょう。後者の方法を採れば、確かにより人間的な情報技術を提案したり作ったりすることができるでしょう。しかし、ミイラ取りがミイラになる、ではないですが、テクノロジーに詳しくなればなるほどテクノロジーそのものが目的化し、その存在理由に対して無批判になってしまうという危険性も伴います。

僕は情報技術は文学のように発展できたらいいと考えています。二〇世紀後半に活躍したフランスの哲学者ジル・ドゥルーズは生前、「文学とは社会の中で声のない人たちの代わりに成って書くことだ」と言っていました。ここでいう「声のない」とは文学作家のように文章で表現する術を持たなかったり、潜在的な技能は持っていても声をあげようとしない人たちという意味です。

同じように、ますます僕たちの生活に浸透してきているアプリやソフトウェアといった情報技術を作る時は、自分たちでプログラミングをする術を持たなかったり、アイデアをわざわざ形にしようと行動しない人たちの「代わりに」作る、という意識が重要なのです。

この「代わりに」という表現には注意が必要です。ドゥルーズは同時に、このことを声のない人たち——貧困にあえぐ人たちや社会的な弱者たちもそうですが、恵まれた環境にありながらも苦悩を抱いて生きている人も含まれるでしょう——への哀れみから「彼らのために」書くのではなく、「彼らに成り代わって」書かなければならない、ということを強調しています。

才能や技術のある人間が誰かの「ために」施すのではなく、その魂の表現を必要とする対等な人間として社会に届けること。この境界線はとても曖昧で脆いものではありますが、同時に僕たちの文化を人間的たらしめる分水嶺でもあるような気がしています。

それでは情報技術はどのようにして文学的たりえるのでしょうか。すぐれた文学作品を読み込む時、それまでうまく言葉にできなかった感情の機微を発見するという体験は誰にでもあるかと思います。そのことによって現実世界においても新たな気づきを得る時、僕たちの人生は一歩深みを増しているのだと言えないでしょうか。同様のことは日々何気なく使っているアプリや情報サービスでも起こりえます。

たとえばツイッターやフェイスブックなどのソーシャルネットワークが存在するおかげで、現実世界では見つけられなかった同じ趣味や情熱を持っている人たちとつながり、生活が活き活きとなるということも多くの人が体験しているでしょう。多くの人に受け入れられている情報サービスは、それまで社会の中でどこにも行き場のなかった感情や思考の発露の受け皿として機能しているものが多いと言えます。

しかしながら、現代の情報技術には未解決の問題が多々存在していることも事実です。インターネット産業が本格化してからまだ二〇年ほどしか経っていない未熟なものだと捉えれば、これは当然のことです。フェイスブックやグーグルといったＩＴ巨大企業の提供するサービスを批判することが、情報技術を全否定することにつながってはいけません。同時に、情報技術への盲信的な礼賛も不毛です。

重要なことは、この点は何度でも繰り返しますが、可能性と危機感を冷静に切り分けて把握することです。情報技術の発展により人間や社会にとっての新しい価値が生まれていることを評価しつつも、改善できることに対しては代替案を提出する。この方法以上に情報技術を批評し、複雑化する情報社会のなかで個々人が自分で自らのより良い生き方を選び取る有効な手立てはないと僕は考えています。そしてそのためには情報を人間、あるいは生命に結びつけて捉える必要があるのです。

## サイボーグとしての現代人

ところで僕自身が情報を生き物のように感じるようになった経緯について少しだけ説明します。

僕は幼少期からコンピュータが身近にある環境で育ってきたデジタル・ネイティブのぎりぎり第一世代に属しています。写真や本といったアナログのすぐれた芸術作品と共に、ゲームやインターネットといった新しいデジタルの表現形式にも同時に触れてきました。

そんな僕にとって、文学作品とビデオゲームは完全に等価であり、その両方から大きな感動やインスピレーションを与えられてきました。感銘を受けてきた作品を挙げればキリがありませんが、それがデジタルかアナログかということは表現形式の違いにすぎません。

　デジタルデザインを専攻した大学卒業後には、メディアアートという、コンピュータを使って芸術作品を造り出す領域でキュレーター兼アーキビスト[2]として活動していました。それはさまざまなアーティストの作品を展示というかたちで世に問うためのお手伝いをする仕事でした。メディアアーティストとはコンピュータやセンサーといった情報技術の非日常的な使い方をして、コンピュータに囲まれた日常のなかに潜む新しい感覚を呼び覚まし、提示する職能です。メディアアート作品の非日常の世界観を作る力というのは非常に面白いもので、この領域に携わる作家も常識にとらわれない魅力的な人ばかりです。そして彼ら彼女たちに共通していたのは「情報」を冷たいものではなく、生きているものとして捉えるすぐれて人間的な感性でした。

　たとえば、なかには自分の作品で扱っているデジタル情報に恋愛感情に近い想いを抱きながら、とても繊細な作品づくりやパフォーマンスを行うアーティストもいました。他には、グーグルやフェイスブック、アマゾンといったＩＴ企業の巨人たちの作り上げる世界観に対抗する、社会批判的な作品もありました。いずれの場合も、コンピュータという僕たちの社会においてはまだ新しい存在から生成される「情報」のなかから、積極的に人間的な価値観を発見し、掘り下げ、提案するという意味において、まさに「informatio」、つまり「思考に形を与え」、「伝える」仕事なのだと言えます。

このメディアアートの仕事とそこで出会ったアーティストたちとの活動を通して、僕はいっそう「情報」を生命的な存在として体感するようになっていました。そして大学院の博士課程で情報学の研究に専念するようになってから、サイバネティクスという学問と出会いました。サイバネティクスとは、サイボーグという言葉の語源ともなった、二〇世紀中盤にノーバート・ウィーナーという科学者が提唱した言葉です。原語のCybernetics とはギリシャ語で「操舵手」を意味する kybernetes キベルネテスを語源とする言葉で、一九世紀前半にはフランス語で「統治術」という意味で初めて使われた形跡が残っています。

サイバネティクスは工学的な領域でも人文系の学問でも論じられる学際的な学問として、二〇世紀後半には生命システム論や社会学とも融合し、複雑系科学、人工知能、記号論、社会学といった複数の学問領域と影響しあいながら発展しましたが、その要点は生命も機械も等しくシステムとしてみなし、観察して、その構造や制御を論じるということです。重要なことは、現代のサイバネティクスにおいては、生命を機械とみなす機械論ではなく、生命の本質とは何かということを問うて機械との相違点を浮き彫りにする議論も活発になっているということです。

サイバネティクスの副産物としては、どんな言葉の頭にでも「サイバー〜」とつければクールで機械的なイメージがつくので、主に一九六〇年代から一九九〇年代に至るまで（そして時には現代でも）学問以外の領域で多用されてきたということが挙げられます（サイバーパンク、サイバーウォー、サイバースペース、サイバーセックスなど）。サイボーグは cybernetic organism サイバネティック・オーガニズムの略語として一九六〇年に科学者マンフレッド・クラインズと薬学者ネイサン・クラインによる宇宙航空学の論文の中で提案された言葉です。この論文の中では、宇宙空間のような極限状況においても宇宙飛行士の生命活動を維持するために作動する、人体と直結した機械制御システムとしてサイボーグという言葉が定義されています。

このような導入の経緯も手伝ってか、サイボーグという言葉には「脳は人間だが身体が機械」というイメージが定着していると思いますが、サイバネティクスの本来の意味からするとそれは底の浅い定義だと言わざるをえません。生命から社会といった異なる階層の存在を等しく「情報のコミュニケーションを通して作動するシステム」と捉える現代のサイバネティクスの見地から言えば、動物も人間も機械もすべて作動の原理が観察でき、かつ介入することが可能である（サイバネティック）組織（オーガニズム）、つまりサイボーグであるということができます。

僕はこれまで、特にインターネットやスマートフォンといった情報技術と人間というシステムがどのように影響しあうのかということについての研究を行ってきましたが、そのことを通して改めて思うことは、「情報技術が人間を拡張する」というような言説の取り扱いには気をつけなければいけないということです。なぜならば、たとえばペンとパソコンのキーボードは、広義に見れば、どちらも情報の発信を可能にする技術であり、それぞれに一長一短があるにすぎません。パソコンやスマートフォンといった新しい情報機器やインターネットという新しい情報網だけを「人間の身体を拡張する」ものとして特権化しては、いつまでたっても情報というものの本質は見えてこないのです。

その意味で最も古い人間の情報技術は文字および言語だと言えます。口頭伝承から石板や木版への刻印、そして紙と活版印刷の発展、馬を使った駅舎ネットワークや羅針盤を用いた航海術の進歩、蒸気機関車から電気機関車への進化、蓄音機の発明とラジオ、テレビといった公衆送信技術の普及といった脈々と続いてきた人間文明の無数のイノベーションの系譜の上にインターネットおよびコンピュータのもたらした革新を位置づけて考える必要があります。

さらに言えば遺伝情報を世代間で継承させるという生命が内包する「情報技術」もまた、

あらゆる古来の生命システムをサイボーグ、つまりサイバネティックな組織として観察対象とする観点をもたらします。実際にｉＰＳ細胞に代表される現代の遺伝子工学の先端領域はまさに生命の作動原理を観察し、その制御の方法を模索するという意味ではすぐれてサイバネティックな研究だと言えるでしょう。

この、システム間の連動という観点で人間と情報技術をとらえるサイバネティクスの研究を通じて、僕は「読むことは書くこと」という命題を発見しました。後でこのことについて詳しく説明しますが、情報を「読む」ことと「書く」ことは本来的に同時に起こるのであり、原理として人間は情報をただ受け取るだけの存在ではないということです。

読むこととは、人間が受け取った情報をどのように価値のある意味、つまり自ら発信する情報の素材へと変換するかというテーマに関係します。本書ではそれを「情報の摂取」と呼んでいきます。

書くこととは、自分が発信する情報をどのように他者に読み取ってもらいたいかを考え、デザインするかというテーマに関係します。本書ではこのことを「情報の表現」と呼んでいきます。

そしてこの表現と摂取の仕組みをデザインすることにこそ、人工知能に代表される情報技術と生命的な存在としての人間の関係を調和させ、個々人が自分の主体性を保ちながら情報社会をいきるためのヒントが隠れていると僕は考えています。本書の題名にある「電脳」とは中国語でコンピュータを意味する熟語ですが、僕はそこに電子的な情報技術と身体的な脳が有機的に相互作用しあうサイボーグとしての現代人のイメージを込めています。

## 情報技術と「心」

情報技術について考える時の難しさの一つに、技術的な効率性や利便性の向上という工学的な話と、その技術を使うことで人間がどのように感じ、影響されるのかという人間学的な話の両方を同時に行わなければいけない点が挙げられます。言い換えると、客観的な価値と、主観的な価値を同次元で論じたり語るのは簡単ではないということです。

しかし、ツイッター、フェイスブックやブログといったネット上、もしくは僕の経営する会社で行うグループインタビューなどで、さまざまなサービスやアプリについてIT業界とは直接関係のない人たちの意見を見聞きしていると、みんな実に軽やかに「ここが好き」「ここが嫌い」といった反応を発信しています。

そして時には「このサービスがあるおかげでこんな良いことがありました」とか「このアプリを使うことで心身のバランスが取れています」などというように、とても強い思い入れや愛着をもって自分が使っているサービスについて語っている人もいれば、時には「このサービスのここが嫌だから使うのを止めた」とか「面倒で仕方ないんだけど、友人や家族が使っているのでしょうがないから使い続けている」という言葉を聞くこともあります。

そういう時、そこで語られているサービスやアプリといった情報技術がいかにその人の人生の一部として機能しているのか、ということを体感します。

情報社会のなかで情報の洪水に飲み込まれないように自己決定できるようにする、という問題は、ある程度までは客観的に論じることができるテーマです。しかし、心の領域とは、当然ながら人によって定義や感度が異なるので、論じることが非常に難しいテーマです。僕も本書を通して、「これが幸福だ」などというおこがましい定義を押しつける気は毛頭ありませんし、逆に言えば、そのようなことを言う人は僕自身信用できません。

それでもなお、「心」のような主観的な価値について情報技術と関連づけて語れないとなれば、それは不完全な議論だと言わざるをえないでしょう。もちろん、「自己決定できること」、つまり「自由」が担保されれば万人にとってより幸福な社会になる、というマクロな社会学的な話であればいくらでも可能ですが、もっと解像度を高くして、人間の心と情報技術の関係を語ることはできないのか。そのようなことを考えるきっかけとなったのが、僕が仲間と会社を立ち上げて間もなく発表した、リグレトというオンラインの匿名掲示板サービスでした。

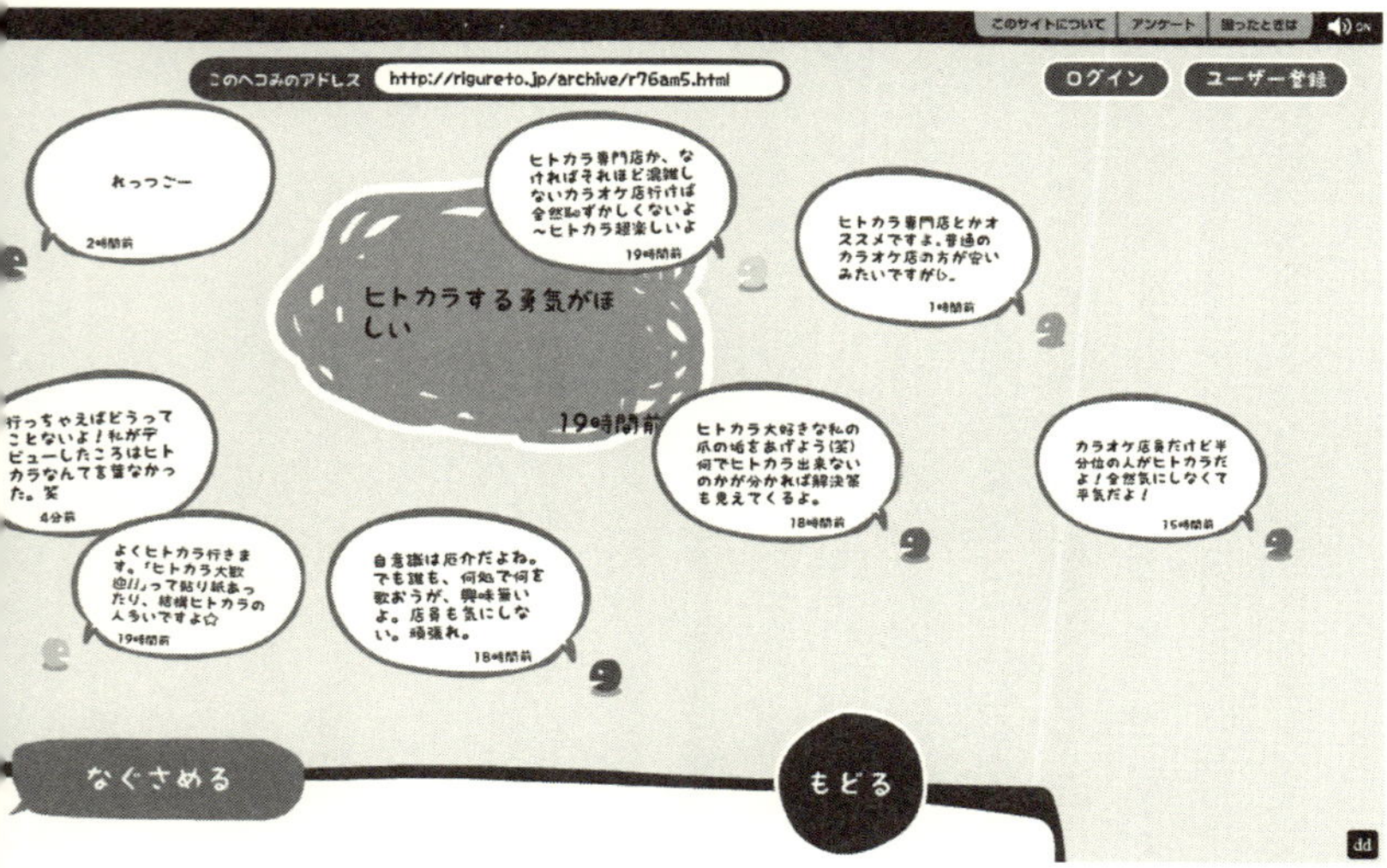


リグレット画面（PC版）

リグレットは自分が最近後悔したことや悩んでいることを限られた文字数で投稿すると、短い励ましのコメントを他のユーザーから送ってもらえるという非常にシンプルなサービスですが、数年で五〇万人ほどの登録者を集め、いまも稼働しています。[3]

このサービスを開発運営するための資金調達を行っている時に、投資家と「これは宗教2・0とでも呼べるサービスになりえる」という話になりました。「2・0」とは、既存の概念を更新するような新しい技術や思想を指す時に使われる、IT業界の中では使い古された表現です。それではリグレットはどうして宗教の延

長線にあると考えられたのでしょうか？

キリスト教の文化が深く根ざしている欧米では、教会の告解室という匿名を保証された空間で、唯一神の代理である神父に向かって、悩みや良心の呵責を赤裸々に懺悔することが神の許しを得る一つの道筋であるという考え方があります。これは、現代の欧米では信仰を持たない人のほうが増えているとはいえ、たとえば日本人が神社仏閣を訪れれば厳粛な気持ちになるのと同じように、一種の文化的ステレオタイプとして広く認知されていることです。

「リグレト」というサービス名はそもそも英語で「後悔」を意味する「regret」（リグレット）という言葉をもじったものですが、キリスト教的な文化から見てみると、そこに告解や懺悔といった宗教的な意味合いが想起されるということまでは、当初考えていませんでした。

リグレトでは自分の投稿した悩みに満足のいく励ましが集まった時に、自分でその投稿を「成仏」させるというアクションが選べます。満足の定義は人それぞれで、たくさんの励ましをもらってから成仏させる人もいれば、数は少なくても質の高い励ましがあればすぐに成仏させる人もいます。そして成仏した投稿は誰にも見えなくなります。

この「自分のデータをユーザー自ら手動で消す」というサービスの特徴は、あらゆるデータを記憶し続けられるというコンピュータの特性に逆行した設定でした。また、可愛いテイストのキャラクターに発言をさせるインタフェースや手書き風のフォントを使ったり、コミュニティのガイドラインとして上から目線の説教を禁じたり、アルゴリズムによってより多くの悩みに励ましがつくように投稿表示を自動的に編集したりするなどの施策を通して、どの励ましのコメントも悩みの持ち主に寄り添う優しい内容の場合が大半になりました。そして運営チームには多くのアンケートが寄せられましたが、そのなかでも、このサービスを使って「悩みを忘れることができた」とか、「元気を取り戻せた」といった声が目立ちました。

あたかも告解室で懺悔を行うかのようでありながら、告白する相手が神父を介した唯一神ではなく、ユーザー同士で悩みを打ち明けあい、許しあうという構造が「宗教2・0」的だという話になったのです。別に最初から「宗教2・0」なるコンセプトをもってサービスを設計したわけではなく、世に出してから初めてそのような表現が生まれたというのが事実ですが、その会話以降、このサービスを運用しながら、宗教と情報の関係を強く考えるようになりました。というのも、よく観察してみると、このような「許し」や「克服」といった価値はリグレット以外にも多くのインターネット上の情報サービスにも見てとれたからです。

## レリギオ

「宗教」という言葉を見て、あなたは何を想うでしょうか。少し距離を感じたり、場合によっては少々怖れを感じないでしょうか。一般的には、日本語で「宗教」と言えば、特定の教義や教団を指すために使われています。仏教、神道、ヒンズー教、道教、ユダヤ教、キリスト教やイスラム教といったさまざまな宗教の名前を眺めていると、わたしたちの世界は無数の異なる考え方に分裂しているように思えてきます。実際に二〇一五年現在、ニュースに登場する「宗教」という言葉は、異なる教義や教団同士の紛争の事例と結びついている場合が多くないでしょうか。

しかし、こうした世間一般で使われる「宗教」の概念は、本来の原義から大きく外れた、誤った使われ方をしています。「宗教」という日本語は明治期に英語のReligion（レリジョン）を翻訳して作られた言葉であり、その意味ではとても若く、人工的な匂いが残っている言葉です。Religionレリジョンの語源は、ラテン語のReligio（レリギオ）ですが、それは「宗派の教え」と読み取れる日本語の「宗教」とは全く意味が異なります。

Religioレリギオという言葉の成り立ちには諸説がありますが、その一つはre-ligioというように、強調や反復を意味する接頭辞の「reレ」と「結び」を意味するリギオという言葉から成っているとするものです。つまり、「再び結ぶ」「強く結ぶ」という意味であり、「神と人のつながり」を表すという説があります[4]。興味深いのは、直接「結ぶ」のではなく、「再び」もしくは「強く」という意を表す re- レがついていることです。つまり、この語にはある喪失が前提とされていると考えることができます。宗教学者であれば、それを神的な存在との接続を取り戻すという意味で捉えるでしょう。

この「神」という概念をめぐっては膨大な専門的議論の蓄積があり、宗教学者でもない僕には到底語りえません。しかし、無宗教者である僕は、この「再びつながる」もの同士とは、自己とどこか彼方の外部にある「神」ではなく、自己の「精神」と自己を包囲する「現実」ではないかと考えています。そしてそのことは先に述べたサイバネティクスにおけるシステム論的な生命観とも関係しています。

ところで、僕は特定の儀礼的宗教を信仰していないので、教義に従って行動したり、礼拝を行う慣習は持っていませんが、神社仏閣などを訪れれば参拝しますし、教会やモスクに赴けばそれぞれの場所の礼法に従います。法事ではお経を読みますし、キリスト教式の結婚式では聖歌を歌います。僕の友人にはキリスト教徒、ユダヤ教徒、イスラム教徒、仏教徒、ヒンズー教徒などたくさんの宗教の人がいるので、彼ら彼女たちとつきあうなかで自然とそれぞれの文化を尊敬するようになりました。よく日本人は自嘲気味に「日本人は宗教の節操がない」と言いますが、別け隔てなく多様な宗教文化に礼節をもって臨む態度はとても敬意あふれる、素晴らしいものだと思います。さらに言えば、各宗教の根底にある価値観は多くの場合、その表現形式が大きく異なるにせよ、通底しているように思えます。

その意味では今日、連日のように報道をにぎわす一部の過激な原理主義者集団は、決して本質的な宗教の名に値しません。そして彼らが僭称する宗教の名前だけでなく、宗教という概念そのものをおとしめる原因を作っています。都合の良いように好き勝手に歪曲した、名ばかりの教義に身を委ね、主体的な思考を放棄して蛮行を働くことは、本来の宗教とは何の関係もありません。そして古来より多くの人々が崇拝する素晴らしい宗教の数々が生み出した文化や人々までもが、そうした犯罪行為そのものや、一部の無知な識者の言説やマスメディアによる偏った報道によって恐怖や偏見の対象となるのは見るに堪えません。

僕はこのような「宗教」という言葉に対する偏見や誤解がときほぐされていくことを切に願っていますが、それは僕の現在の職能や能力を超えた途方もない仕事になるでしょう。僕が本書を通して考え、伝えたいことはそのこととは別にあります。それは、情報が第二の自然となった世界でいきる僕たちにとってのレリギオ、つまり僕たちが人工知能や教義やマニュアルといったものへの盲信によってではなく、あくまで人間として自らの精神性と現実を調停する接点をつくり、納得のいく生き方を獲得するための考え方を模索することです。

人間は本来バラバラな断片で構成されています。それはさまざまな細胞や器官が連携して僕たちの生命が作動していることからもわかりますが、僕たちの思考や意識もまた、非常に多くのものと相互作用しながら、その時々において「立ち上がる」ものです。

このような考え方に至った背景には、哲学やサイバネティクスの理論が影響していることもありますが、僕自身が日本と台湾とベトナムの血を引き継ぎながらもフランス国籍の人間として育ち、アメリカの大学で学ぶ、というまさに文化的にバラバラな生き方をしてきて、血統的だったり国家的な帰属意識がいまに至るまでずっと希薄であることも関係しているように思います。

周りの多くの人たちが当たり前のように持っているアイデンティティのよりどころが常に宙づりの状態で育ってきた僕の場合、哲学の系譜を学ぶことや研究を行うことが一つのレリギオ、つまりバラバラな経験の断片を統合して一つのアイデンティティとして機能させる役割を果たしてきました。

本来、哲学とは「知の愛」を意味するphilo-sophia（フィロ - ソフィア）という言葉の翻訳です。古代ギリシャの哲学者たちの一部は、当時からすでに熟慮された「知」ではなく雄弁な「意見」が横行していることを憂い、フィロ - ソフィアと対比する言葉としてフィロ - ドクサ＝「意見の偏愛」と表現しました。意見に流される、という日本語の表現がありますが、弁が達者な人間が尊ばれることは思考停止につながる、ということを表そうとしたのです。

弁が達者な人間の意見が尊ばれるのは古代ギリシャでも現代でも、どこの国でも同じだと言えるでしょう。しかし、弁が達者であろうとなかろうと、重要なのはコミュニケーションが新たな考えを促すかどうか、という点です。

情報がファストフードのように鵜呑みにされ、飲み込んだ本人からは何もフィードバックが生まれない状態というのはまさにフィロ - ドクサの状態であり、そのことは自らのレリギオの方法が他者の生み出した意見に依存しているということを意味しています。

逆に、自分で素材を調理して料理を作る人は、作った食べ物を自ら食べることが次に作る料理へのフィードバックを生み出します。そして、その連鎖によって他者の作った食べ物を評価する基軸が生まれます。このように、摂取した情報が表現する情報へと転換される循環ループが起こることこそが、自律的なレリギオを生み出す道筋なのだと言えます。

僕の場合はたまたま哲学と情報技術がレリギオの重要な手段となりましたが、人によっては起業や会社の仕事、社会活動、音楽、文学、農業、狩猟、工芸、旅行、語学、信仰などなど、およそ人間が主体的に情熱を注げ、深く掘り下げることのできるあらゆる活動がレリギオの手段となるでしょう。

レリギオとはつまり、日々の生活のなかで受容するさまざまな情報の断片をつなぎとめて、自らのアイデンティティと自分の周りの現実との整合性を再構成し続ける力のことを指します。なのでレリギオを考えることは、これから本書を通して詳しく見ていくように、「自分がいきている世界はどのような世界なのか」という把握と「自分とはこういう存在である」という構築を、情報の摂取と表現のループ構造のなかで捉えることが必要だと考えています。僕たちが人工知能社会の中においても人間を起点とし続けるためには、読むことと書くこと双方のバランスを取り戻す必要があるのです。

次章以降の流れとしては、まず実践的に「書くこと」から始まり、理論的に「読むこと」へとつなげていきます。

第2章では、活き活きとした情報技術を「つくる」ための方法論を、手軽に始められるものから高度なものまで紹介していきます。第3章では、情報と技術がどのようにして僕たちの日々の心や意識と関係しているのかということを「とらえる」ためのキーワードを紹介します。筆者としてはできればこの流れで読んでもらえればと思いますが、より人文的なことに興味のある方は第3章を読んでから第2章に戻っていただいてもかまいません。そして最後の第4章では、第1章と第2章で見てきたことをまとめ、今後の展望について述べます。

# 2 情報社会のつくり方

「未来を予測する最善の方法は、それをつくってしまうことだ」—アラン・ケイ

スマートフォン隆盛の情報社会において、僕たち人間の心や意識はアルゴリズム、つまり情報技術の論理によってますます影響を受けるようになりました。この状況に対して、何が問題なのかということを明確に浮き彫りにすることができれば、情報技術を活用することによって僕たちが生活する情報社会をポジティブに拡張することができるはずです。

情報とはキャッチボールのように一方的に投げたり受け取ったりするものではなく、個々人が摂取して、新しい価値を生み出すための素材のようなものです。だから情報には正解や不正解はなく、僕たちが自らどのような意味を与えるのかということを意識的であったり無意識に判断するものです。

そして本書は、現代の情報社会においては高度なアルゴリズムによってますます多くの情報の素材がわかりやすく、飲み込みやすい形で流通しているため、個々人の意味を表現する力が弱められ、結果的に僕たちが自らの現実のイメージを主体的につくりだす能力も弱まっているのではないか、という前提となる問題意識に根ざしています。この問題に対して、段階的に採用できる複数のアプローチがあると僕は考えています。

現代のパーソナルコンピュータのあるべき姿を最初に提案した計算機科学者のアラン・ケイは、未来を予測することよりも、望ましい未来を自らつくったほうが良いというメッセージを放った人物として有名です。状況を分析したり、過去に起こったことを理解することは重要ですが、そこから未来への働きかけが始まらなくては意味がないでしょう。

この章では「つくる」という観点に焦点をあてます。つまり、どのようにして僕たちを取り巻く情報技術に対して能動的に振る舞えるようになるのかということについて、まずは最も手軽に始められる方法から、コストも高くなるぶん、効果も高くなる方法まで、順に説明していきます。

## 2・1　フィードバックをかえす

一つ目の方法は間接的ですが、敷居も低く、誰でもすぐに実践できると同時に、とても重要なものです。それは自分が利用する情報技術に関するフィードバックを表現し、発信するということです。たとえば本書のように文章や記事を書いたりして、多くの人に伝えようとするということも、この方法に含まれます。

このことは対象に関する議論を活性化させるという意味で大切な社会活動であるだけではなく、情報サービスを提供している事業者や政府機関に対して有意義な参考情報であったり、是正をうながすプレッシャーを与えることができます。

情報技術の社会問題はネガティブな事件として報道されたりしますが、そのことについて個々人が自身のソーシャルネットワークで紹介したり、プライベートな交友関係で議論をしたりすることは、渦中の当事者（企業や政府）に対して有効な圧力となるでしょう。マスメディアによって報道されている情報やニュースサービスが配信する記事内容をただ摂取するだけではなく、そこから生まれた思考や感情を自分の外部に向けて表現することで初めて情報のバランスが取れるし、自分の考え方というものに自ら向き合うことが可能になるでしょう。

よりポジティブに情報技術の進化に関わる方法としては、自分が価値があると思っている情報サービスの事業者に直接声を届けるということが挙げられます。ネガティブな意見は、ソフトウェアのバグや通信障害など、合理的に原因を見つけることができるものに関する場合が多いですが、ポジティブな反応というものはそのサービスが今後どのように発展していけばいいのかということの重要なヒントとなります。

たとえばグループインタビューのように、利用者がサービスを使っている側に寄り添って、表情や発言などから反応を伺うというアナログな観察によってそういうヒントが発見できますが、双方に時間がかかるので常に行えることではありません。

鑑賞者がいなければ芸術作品が成立しないように、利用者がいなければ情報システムは存在しないも同然です。別の表現をすれば、情報サービスの開発は常に利用者との対話なのです。その意味で、話し相手の表情が見えないまま会話を続けるのがとても難しいように、アクセス記録などのデータの先にある生身の人間としての利用者の考えや感情がわからなければ情報サービスの開発も困難なのだと言えます。

熱量のある利用者がサービスのどこを評価して魅力を感じているのかということがわかれば、結果的にサービスの内容が改善され、利用者の利益にもつながります。周知のとおり、これはインターネット以前からずっと有効に機能していた方法ですが、インターネットの普及によって利用者と開発者のコミュニケーションは劇的に高速化しました。

感想や意見をメールで送る、ブログ記事に書く、ツイッターでつぶやいたりフェイスブックに投稿する、もしくは開発者がアカウントを公開していればＬＩＮＥなどのメッセンジャーアプリで担当者に連絡するというように、コミュニケーションにかかるコストが小さくなってきて、瞬間的にフィードバックを返すことがますます容易になってきています。

この際、サービス事業者と利用者の間に対等なコミュニケーションが生まれることが肝心です。一方的に悪い点を列挙したり、逆に具体的な理由を挙げずに絶賛するということは、情報システムの開発者と利用者の間に非対称性の溝を生んでしまうでしょう。開発者もまた人間なので、スムーズに利用者と対話が行えればそのぶんサービスも改善しやすくなります。

こうしたコミュニケーションは特に利用者数が少ない初期の段階においては開発プロセスを大きく助けるものです。どんな情報サービスでも、利用者のコミュニティが活性化することを通してしか大きく成長できません。この状況を俯瞰して見れば、まさにサービスを使う人たちが開発者と一緒にサービスをつくっていると言えるのです。

そして、フィードバックの経路もまた、開発者が想定しなかったものを利用者が創造的につくりだすことができます。僕の会社で運用するコミュニティサービスのある利用者の方から、いかにそのサービスが好きかということが記された手書きの手紙をいただいたことがありますが、そのメッセージのあたたかさに開発チームはとても勇気づけられたものです。

同様に、ツイッターのようにインターネット上でコミュニケーションの場を提供するサービスの場合には顕著ですが、開発者が想定していなかった使い方が利用者の間で広まり、そこから新たな機能が公式に開発されて実装される、ということもよくあるパターンです。有名な事例ですが、初期のツイッターの場合は、他の人のつぶやきをそのまま投稿しなおすリツイート機能がありませんでした。

そこであるユーザーが、自分がこれは広めたいと思ったつぶやきをコピペして、先頭に「RT」と追記して投稿するということを始めたところ、多くのユーザーがそれを真似するようになりました。最終的にツイッターはそれをツイッターにふさわしいコミュニケーション形式だと判断し、現在見られるように公式のリツイート機能が実装されました。

情報サービスの醍醐味は、利用者が息吹を吹き込むとどんどん生き物のように進化したり成長したりするという点です。愛着や好奇心の強い利用者がサービスを使い倒すことによって、開発者が思いもよらなかった現象が発生し、他の多くのユーザーにも受け入れられ、新しい文化が生まれます。このことも、情報技術に対して利用者が有意義なフィードバックをつくるという範疇に含められるコミュニケーション形式だと言えます。

特に昨今はビッグデータという言葉の一部マスメディアにおける扱われ方によって、あたかも情報サービスが利用者の個人情報を一方的に搾取しているかのような印象が広まっているきらいがあります。そうではなく、利用者が使えば使うほどサービスが改善していくという開発者との一種の信頼関係が醸成されることが望ましいのです。

## 2・2 プロトタイプをつくる

二つ目の方法は、一つ目と三つ目の方法を接続する、僕が最も大事だと考えているものです。それは、まだ世の中には存在しないけれども、自分が切実に欲しいと思う情報技術を夢想することから始める、多くのベンチャー企業や社会企業の発端となってきた「プロトタイプをつくる」という方法です。

「ベンチャー企業の場合はＭＶＰ（Minimum Viable Product、エムブイピーと略して発音）という、最低限の必須要件だけを満たしたソフトウェアを早期に開発し、数十人から数百人規模のユーザーにテスト使用してもらって、事業として推進できるかどうかを判断するということが一般的になってきています。

このような「リーン」（無駄がない）と呼ばれる開発手法が広まっていることにより、ベンチャー起業の敷居も確実に下がっていると言えますが、僕がここで提案する方法はもっとずっと簡単で、しかもはじめるにあたってプログラミングの技術もチームも必要としないものです。以下に詳しく説明します。

僕は二〇一三年から、岐阜県にある日本有数のメディアアートの教育機関である情報科学芸術大学院大学（通称IAMAS、イアマスと発音）で、修士一年の学生向けの「情報社会特論」という授業を担当しています。IAMASには非常に多様なバックグラウンドの学生が集まっていて、企業や行政での社会人経験のある人もいれば、美大出身のアーティスト志望の人や、プログラミングにも熟達している工学系の学部からやってくる人もいます。

この講義には、現代の複雑な情報社会をどのように理解したり批評できるかというテーマが設定されているのですが、僕はスライドを見せる座学のスタイルよりも手を動かしながら理解するというプロセスに慣れているため、二〇一四年の授業では上記のベンチャー的な発想方法を取り入れ、全六回の講義を通してそれぞれ「自分が一番ストレスを感じている情報技術のオルタナティブを考え、その簡易的なペーパー・プロトタイプを発表する」という課題を設定しました。

ペーパー・プロトタイプとは、実際にプログラムを書く必要はなく、紙に手書きで描いた画面の絵をＰＣやスマートフォンに取り込み、紙芝居のようにスライドショー形式で発表するという方法を指します。ペーパー・プロトタイピングは、すぐれたアイデアを思いついたがすぐにプログラミングする技能や時間がない場合でも、投資家に対して有効なプレゼンテーションを行える方法として、ＩＴの世界でも用いられることがあります。

この講義はつまり、学生たちにベンチャー企業が情報サービスを開発するプロセスを仮想的に追体験してもらうという授業構成にしたのです。

## 情報のペインとペインキラー

世界で最もＩＴ事業者が集中する地域として有名なシリコンバレーの主要なベンチャーキャピタル（ベンチャーを対象とする投資会社）のひとつであるセコイアキャピタルは、これまでにアップル、グーグル、ヤフーなど今日の超有名ＩＴ企業や、Airbnb、Dropbox、WhatsApp、Square といった急成長中の新興ベンチャーなど数百社に投資してきており、シリコンバレーのイノベーション工場とも呼ばれています。

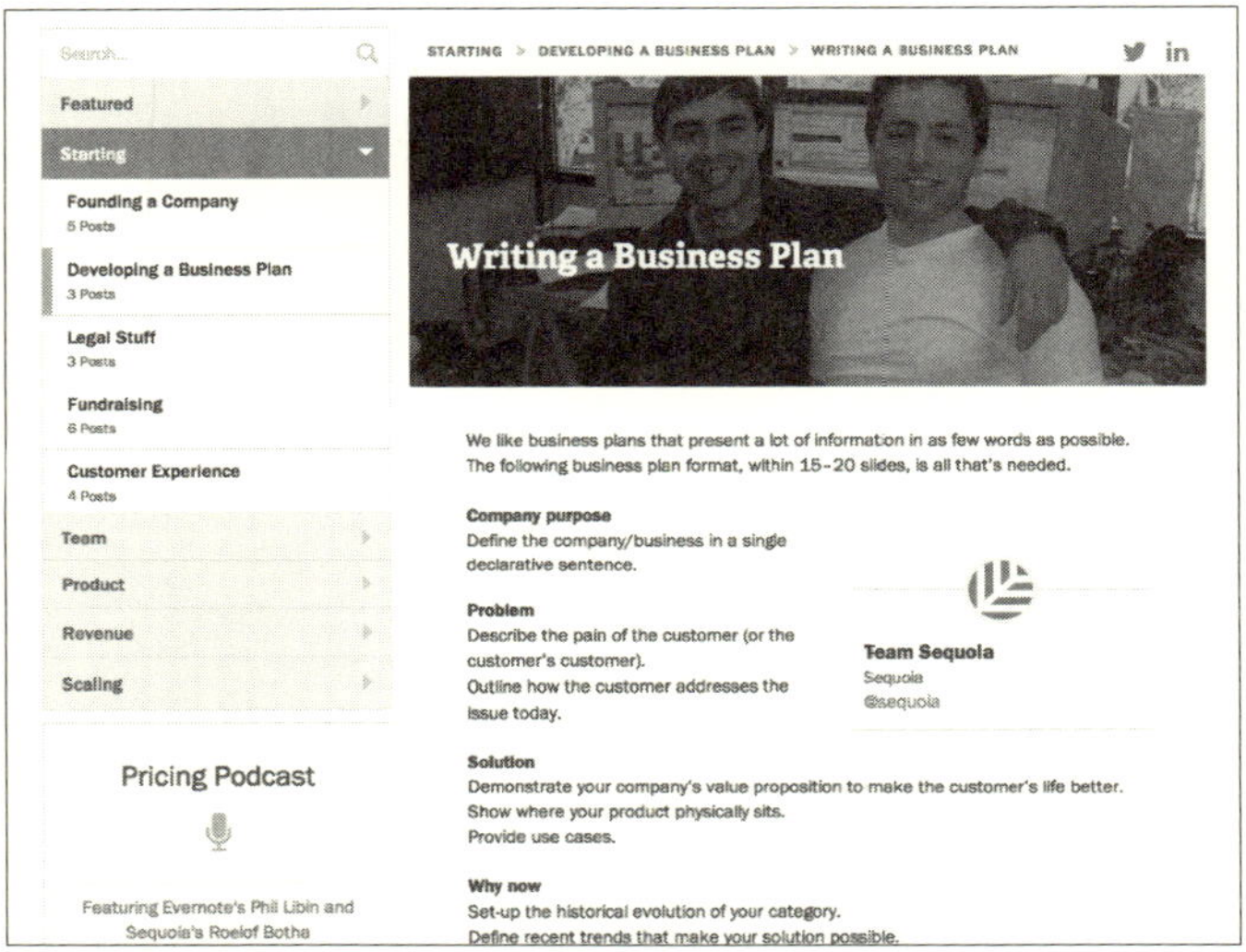


セコイアキャピタルの「事業計画書の書き方」

そのセコイアキャピタルのウェブサイトには「事業計画書の書き方」というページがあり、当該の企業の製品が対象とする人々が抱えている苦痛（ペイン）と、それに彼ら彼女たちがどのように対処しているのかということを説明しなさい、という項目があります。また別のページには「持続する企業の条件」が列挙されており、その一つに「ペインキラー」という項目があります。

要は「未解決の問題」が存在することを証拠となるデータやその他の情報をもとに立証し、自分の企業が提示する「問題の解決策」を説得力をもって説明する、ということです。この論理

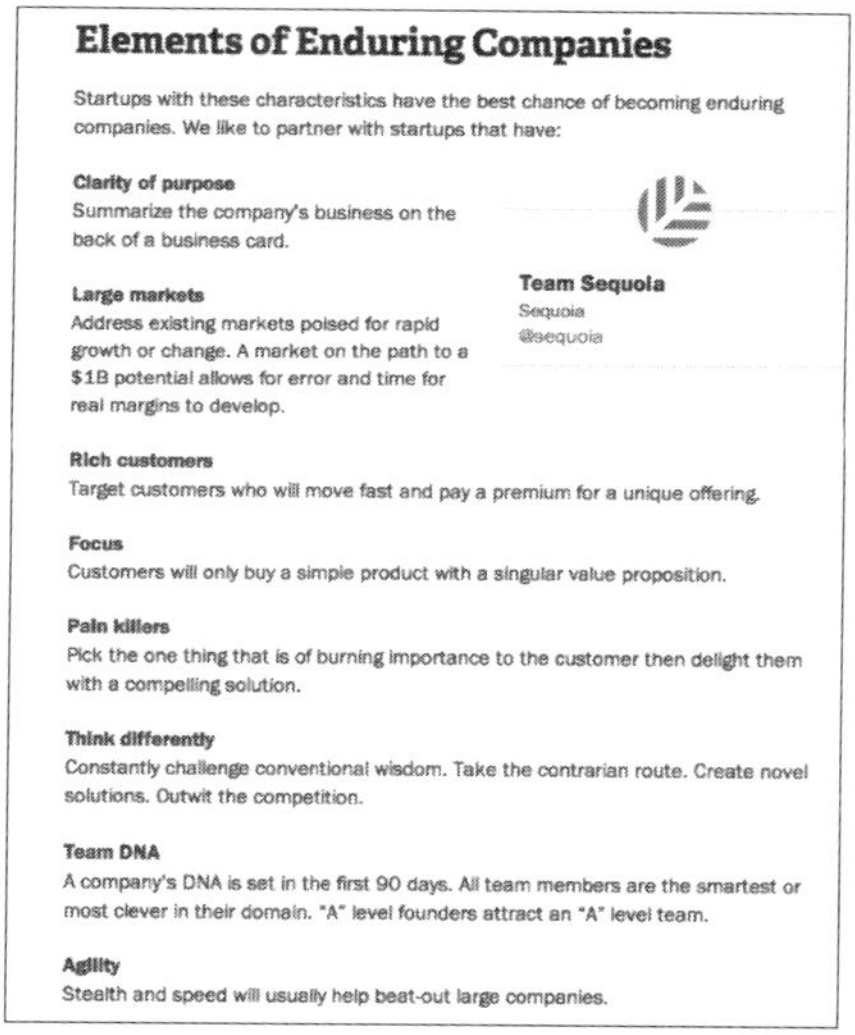
# Elements of Enduring Companies

Startups with these characteristics have the best chance of becoming enduring companies. We like to partner with startups that have:

**Clarity of purpose**
Summarize the company's business on the back of a business card.

**Team Sequoia**
Sequoia
@sequoia

**Large markets**
Address existing markets poised for rapid growth or change. A market on the path to a $1B potential allows for error and time for real margins to develop.

**Rich customers**
Target customers who will move fast and pay a premium for a unique offering.

**Focus**
Customers will only buy a simple product with a singular value proposition.

**Pain killers**
Pick the one thing that is of burning importance to the customer then delight them with a compelling solution.

**Think differently**
Constantly challenge conventional wisdom. Take the contrarian route. Create novel solutions. Outwit the competition.

**Team DNA**
A company's DNA is set in the first 90 days. All team members are the smartest or most clever in their domain. "A" level founders attract an "A" level team.

**Agility**
Stealth and speed will usually help beat-out large companies.

「持続する企業の条件」

構造は、工学分野の論文の書き方と相似していますが、アカデミックな工学論文では問題解決の対象がシステムそのものであることが多いのに対して、セコイアキャピタルが例示する事業計画では現実の社会で生きている生身の人間の「苦痛」＝ペインを対象とするということが大きく異なる点です。

ＩＡＭＡＳの授業でも、このペインとペインキラーという発想を紹介し、情報社会に関連する事柄で、自分自身が日常的に苦痛（ペイン）として感じることを発見し、その処方箋（ペインキラー）を考えるように求めました。同時に、僕は学生たちに向けて、投資家に見せるような事業計画を作ることは求めませんでした。その理由は、この授業の目的が「情報社会の批評」を実践することだったからであり、「ＩＴビジネス講座」ではなかったからです。

有名な哲学者や社会学者が情報技術社会を言葉で評論したり批判したりする書籍はたくさん存在します。僕もそういう本を学生の時分からたくさん読んできましたが、次第に現に情報社会に実装された技術やアイデアに対して言葉のみでフィードバックを返すことが困難になりはじめていると思うようになりました。

その最大の理由の一つは、アイデアが実装されるスピードのほうが、抽象的な言葉による批評よりも遥かに速くなってきているからだと僕は考えています。もう一つの理由は、情報技術においては「つくってみて初めてわかること」が多くある、という経験則です。

社会構造を批評的に考える際、無数の切り口が存在します。社会全体を俯瞰して、全体像を把握しながら考えるということは非常に骨の折れる作業です。仮に天才的な頭脳の学者がそれを本に書けたとしても、読む側に対して大きな認知的な負担を強いるというのも問題です。

プログラミングの世界ではソフトウェアを構成するコードの「可読性」を高めるという命題が存在します。それは共同作業を行うプログラマーに対してわかりやすく書くという意味もありますが、それ以前に自分自身に対してもわかりやすく書かないと、長いプログラムを書いている間に全体像が把握できず、問題が起こった時に原因の切り分けができなくなる、ということも重要な理由です。

同様に、人間と情報技術の関係とそこに存在する問題を考える際にも、全体を一度に解決しようとするのではなく、最も切実に取りかかることのできるテーマを一つ考えて、そのオルタナティブを提案するということのほうが有意義ではないでしょうか。

このような授業の構成を考えるにあたり、最初に危惧していたのは、学生が的確なペイン、つまり情報社会に対する切実な問いを発見し、提示することができるかどうかわからなかったということでした。社会全体にかかるようなマクロすぎる問題意識は、「日々の生活のなかで個人的な苦痛を探す」というテーマ設定によってあらかじめ排除できるとはいえ、それは時にプライベートな弱みをさらけ出す、シャイな人にとっては恥ずかしいとも感じられることを求めるからです。

しかし、蓋を開けてみたら、僕の杞憂は見事に霧消しました。その時のクラスを構成する学生たちのバックグラウンドがバラバラだったという幸運もありましたが、それ以上に各自が僕が思いもよらなかった観点からのペインとペインキラーのアイデアを提示してくれたのです。講義の最終回では、ＩＴに詳しい人にしか一見わからないマニアックなアイデアもあれば、ＩＴ技術を敬遠しがちな高齢者に寄り添うためのアイデアも提示され、学生同士がお互いのアイデアを改善するディスカッションを行いました。そのすべてを紹介することはできませんが、以下に一部を僕が意訳して紹介します。

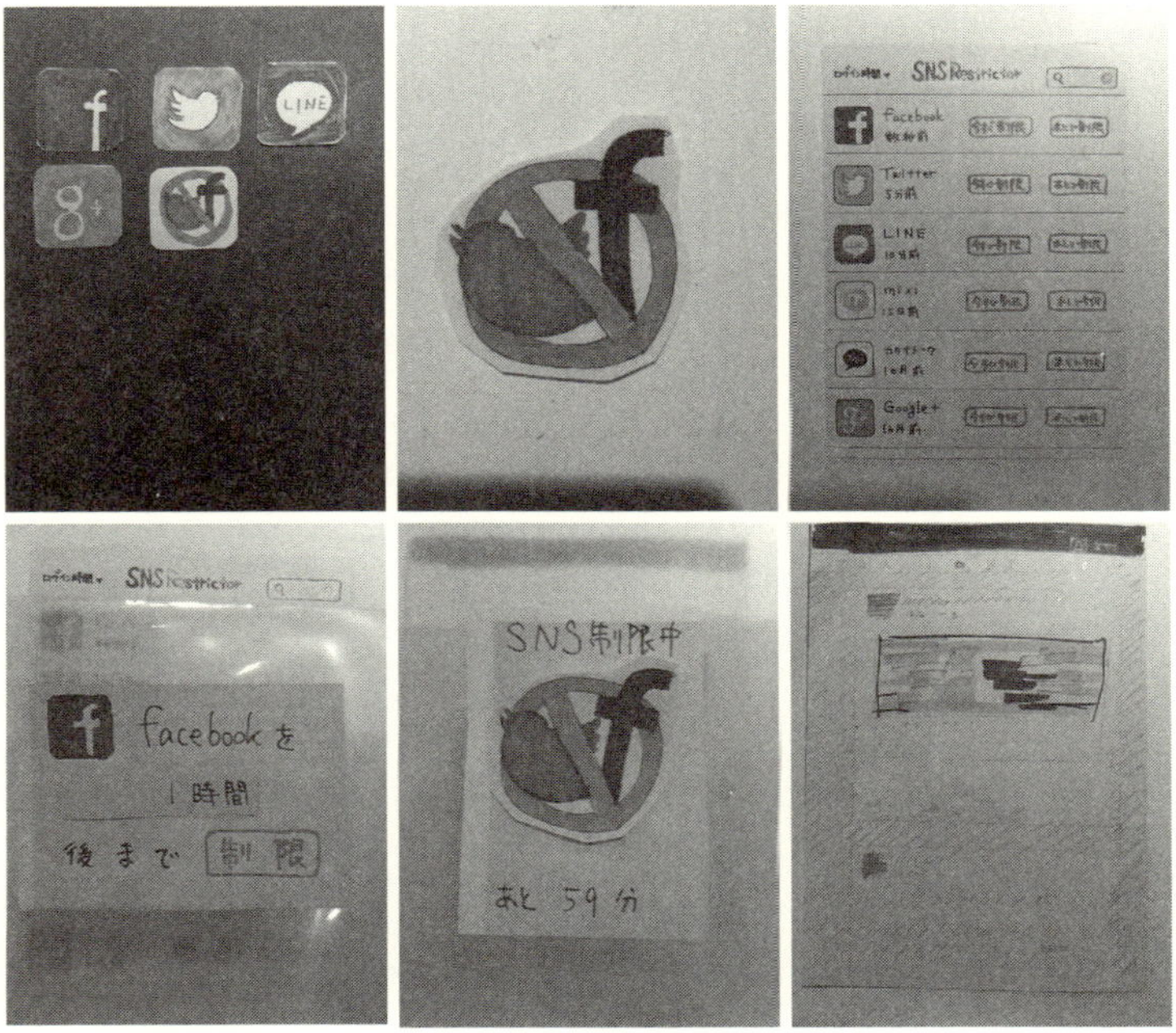


SNSへのアクセスを自ら制限するためのアプリ
『SNSRestrictor』（永田美樹さん）
■ペイン：SNS（ソーシャルネットワークサービス）上の更新通知が煩わしく、必要もないのについついフェイスブックやツイッターを覗いてしまい、疲れてしまう。
■ペインキラー：断食するように、断SNSするためのサービス
■内容：このサービス上で自分のフェイスブックやツイッターのアカウントをあらかじめ登録しておくと、好きなタイミングで好きな時間だけそれらのサービスに自分がアクセスできなくすることができる。

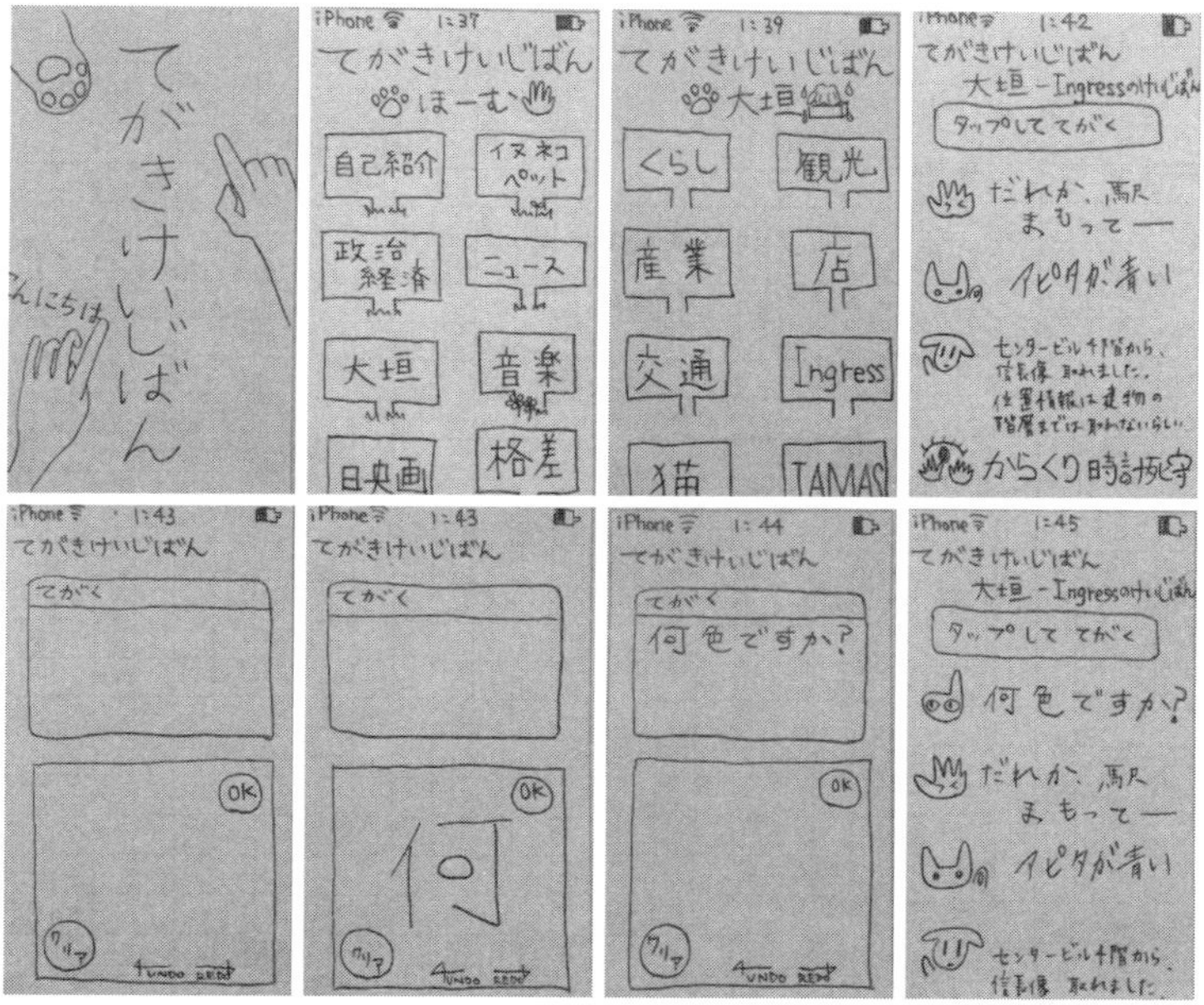


手書きの文字でコミュニケーションを行うアプリ

『てがきけいじばん』（竹内環さん）

■ペイン：インターネット上の文章はすべて画一的なフォントで表示されているが、そのせいで書いた本人と書かれた文章の内容が乖離し、不必要に攻撃的な投稿が増えてしまうことが嫌だ。

■ペインキラー：簡単に手書きで文章を書き込める掲示板サービス

■内容：スマートフォン上でウェブサイトもしくはアプリを開くと、トピックごとに他のユーザーが手書きで投稿したメッセージを一覧して、レスポンスを返したり新規の手書きメッセージを書ける。

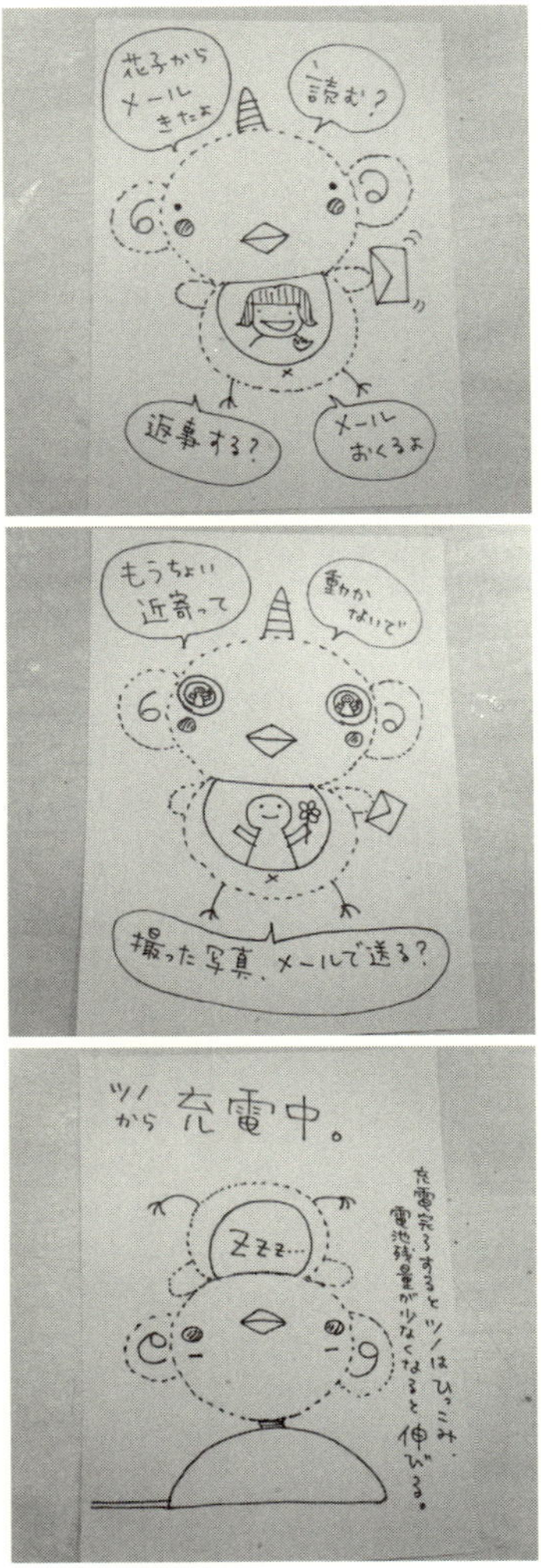


『えれおに』（富塚裕美さん）
■ペイン：自分の高齢のお母さんがスマートフォンを使いこなせず、教えるのも難しい
■ペインキラー：スマートフォンの機能を搭載したぬいぐるみ
■内容：操作は声だけで行え、画面も必要な時だけ表示される。高齢者の日常的な行動パターンに特化した警告や行動の促しを行い、とことん「操作」するという意識を持たせないパートナーロボットのようなデバイス。

ここで紹介したアイデアは、偶然にもすべて女性からの提案でしたが、僕が個人的に感動し、授業の講師として最も高く評価した共通点は、これらのプロトタイプがすでにある技術をこねくり回すものではなく、とても切実で生々しい「願い」によって駆動されていたということです。

余談ですが、これまで多くの学生や起業家と話してきた経験から言うと、女性のほうが現実と接続した思考に長けていて、男性は技術そのものの面白さに引っ張られてしまいがちという傾向があるように感じています。

## 「車輪の再発明」を肯定する

少し技術の動向に詳しい読者であれば、上記のアイデアを見て「それに似た、失敗した製品を見たことがある」とか「それは現在のスマートフォンの仕様では技術的に不可能だ」ということを思われるでしょう。僕も情報産業に従事する人間のはしくれなので、そういった意見には確かにそうだと思います。しかし、そうした意見を理由に自由な発想を萎縮させることには声を大にして反対します。

プログラミングやエンジニアリングの世界では、「車輪の再発明」という表現が使われます。「車輪」はもう発明されているのだから、わざわざ新しく作り直すことは無駄だ、という意味です。確かに現代のプログラミングの世界では、特定の問題の解決方法がインターネットのエンジニア向けのQ＆Aサービス[5]などですぐに共有されたり、新しい機能を実装したプログラムのソースコードが分散バージョン管理と呼ばれるサービス[6]で公開されたりするので、「車輪の再発明」、つまりゼロからすでに存在する機能を書き上げるよりは、すぐれた他者のコードを借りたほうが目的が素早く達成できることが増えています。

しかし、この命題をプログラミングという具体的な技術論のレベルではなく、ペインとペインキラーを考えるという発想を自由に膨らませる段階にも適用することは、逆に不毛だと僕は考えます。なぜなら、「誰が最初に発見したか」ということが最大の価値だと捉えられるのは学術の世界ですが、現実の社会では「早すぎて」失敗した事例であったり、二番煎じ、三番煎じが大成功を収めている事例が少なくないからです。

さらに言えば、一見同じように見えるアイデアであっても、たとえば一〇年前と現代ではそれぞれの時代背景に対する意味合いやインパクトは必ず大きく異なります。そのアイデアが他者によって実装され、すでにデファクトスタンダートになっているほど普及している場合を除いては、すでに似た提案がなされていることを知ったうえで現在という「最新の時代」のバージョンを新たに提案しなおすことは、もはや二番煎じではなく、全く新しいアイデアだと胸を張っていいと思います。

僕自身、特に学生の時分において哲学や美術、工学の歴史をたくさん学んでいた時、他の研究者や友人と議論をする時に「それは○○という人がすでにやってるよ」という反応を返すことが多かったのですが、それが面白いアイデアや相手の情熱を否定し、議論を萎縮させる結果しか生まなかったと、いまは反省しています。ある領域に詳しくなればなるほど、かえって視野が狭まってしまう危険性も高まるわけですが、そのことによって柔軟に代替案を提案する力が弱まってしまうのは本末転倒ではないでしょうか。

## 「デザイン・フィクション」という思考法

このIAMASの授業ではペインとペインキラーというベンチャー的な用語を起点にしましたが、その目的はベンチャー起業を勧めるということではありませんでした。そこで、「デザイン・フィクション」という、情報技術の研究者の間で議論されている概念の紹介も行いました。

「デザイン・フィクション」という言葉は、サイエンス・フィクションという言葉をもじったもので、SF作家のブルース・スターリングやインタラクション・デザイナーのジュリアン・ブリーカー、工学系研究者のジョシュア・タネンバウムといった人たちによって最近、情報インタフェースのアカデミックな文脈で言及されている用語です。僕自身は

ＩＡＭＡＳの城一裕講師にタネンバウムのデザイン・フィクションに関する解説記事を教えてもらって以来、とても有用な考え方だと考えています。

デザイン・フィクションとは、「架空の物語の中において十分説得力のある架空の技術のプロトタイプである」というスターリングによる定義と、それをベースにタネンバウムが提唱する「デザインの可能な未来形を説明するために物語の手法を活用する」方法という定義があります。もう少し噛み砕いて言い換えてみると、「まだ存在しない技術を、生身の人間が登場するシナリオの中で十分なリアリティをもって描写する」という風に表現できるでしょう。サイエンス・フィクションは架空の技術を使って物語を創造することを目的としますが、デザイン・フィクションはフィクションという形式を利用して架空の技術のかたちを現出させることを目的とする、と対比させることもできるでしょう。

デザイン・フィクションの概念は工学系研究者が議論しているだけあって、十分なリアリティを持たせるためには技術と社会の関係に関する知識が必要となる手法であり、実践する敷居は決して低くないとは思います。しかし、その思考法は、登場人物が架空の物語の中で何を考えたり感じたりするのかという人間の感性を前景化するという点において、情報技術を人間の側に寄り戻す、すぐれて批評的な方法論であるとも考えるのです。

僕がこの思考法に興味をもったもう一つの理由は、ソフトウェア開発の現場においてよく実践されている手法にも似ているからです。それは「ペルソナ」という、製品がターゲットとする層に属する架空の人物像を設定して、その人がどのように製品を使い、何を感じ、どうしてその製品が好きになるのかという物語を説得力のあるように書く、というものです。企業の場合はその目的が開発しているもしくは開発しようとしているサービスや製品を社内で共有しやすくするといった組織的な合意形成が主となりますが、デザイン・フィクションの場合はもっと自由に、日常的な視野から発想を開始できるという点が異なると考えています。

自らのペインに気づき、架空の情報技術を構想しはじめることが難しいと思う人もいるかもしれません。そのような時には、とりあえず自分に近いペルソナを設定し、情報技術との観点で日常を書き下してみると気づきが得られやすくなります。以下に、少し長いですが、僕自身がデザイン・フィクションという用語を知る以前に、ビッグデータ技術がどのように僕たちの生活と関係しているのかという考察のために書いた、架空の現代人が過ごす一日のシナリオをご参考までに紹介します。これはペルソナ描写とデザイン・フィクションの要素が混ざった文章ですが、書いていて気づいた面白いこととしては、最初はすでに存在する技術を描写するように書いていたのが、途中からところどころまだ存在していないけれども自分が「これは欲しい」と思っているアイデアが無意識に入り込んできている点です。かなりマニアックな記述が多く、決して読みやすいものではないので適当に読み飛ばしていただいて結構ですが、どこが既存の技術でどこが未知のものかを探りながら読んでいただければ面白いかもしれません。

現代の日本、東京。三〇代、妻子のいる会社員男性。朝、スマホにセットしたアラームアプリから流れる音楽で目を覚ます。曜日によって時刻を変えている設定はアプリのサーバー上に記録され、自分が「月に何回アプリを使用したか」、「季節によってどのように時刻を変更しているか」が事業者に送信される。アラームと連携している定額制の楽曲ストリーミング配信サービスは、自分が過去に選択した楽曲と起床までにかかった時間、日中に視聴している楽曲や自分と同属性のユーザー層が選択している楽曲などの相関から、翌日に配信される楽曲を自動的に選択するだろう。

水を飲み、軽食を口にしてからジョギングに出かける際には、リストウォッチがGPSナビゲーションを表示し、音楽を再生しているイヤホンからは走行ペースと累計の距離が人工音声によって囁かれ、家に戻る頃には自分の走った軌跡と走行距離、消費カロリーが一定時間ごとに表示され、「ジョギングしている時に好まれる楽曲のジャンルや特徴」、「週や月ごとに走破される距離と消費エネルギー」といった情報としてストリーミング配信事業者に送信される。

帰宅してからシャワーを浴び、まだ小さい子供に食事を与えている間に、子供用のネット放送番組を無線LAN経由でテレビに表示させ、支度をととのえる。この際も、ネット配信を行う事業者はどの番組が子供に毎朝見られているのかという直接の視聴率を取得し、同じ属性の他の子供たちに最も好まれている番組との相関を計算し、自分が設定しておいた配信ポリシー（英語教育を多めに、ストーリーは勧善懲悪型ではなく調和型を、アニメより実写映像を多めに、等）と照らし合わせて、翌日以降の一週間の配信スケジュールが組まれる。その間、子供の通う幼稚園との連絡帳アプリに、子供の家での様子の記述や体温、採った食事などをタブレット端末から入力すると、グーグルによって解析されているインフルエンザの発症データと瞬時に照合され、子供が罹患するリスクと取るべき対策が近隣の病院での予防接種の混雑予測と共に表示されるので、自動予約を指示する。

リアルタイムで過去の交通状況データと照合して表示される通学バスの遅延状況を別のアプリで確認したうえで幼稚園まで連れていき、そこから会社まで電車で向かう。この時もスマホの近接通信でプリペイドカードの課金で乗車賃を払い、乗車地点、距離と時刻がその場で事業者に送信され、その他のさまざまな事業者にデータが転売され、利用される。電車の中でニュースリーダーアプリを開くと、直近に読んだ記事やスマホで入力したすべてのテキスト内容の解析から推測される現在の自分の関心領域に適したニュース記事が、ツイッター上で最も読まれている記事、そして今後二四時間以内に最も読まれるであろうと予測される記事と共に表示されるので、一通り目を通しておく。この記事を読む行為もまた、全ユーザーに配信される記事の選択の一部分を担うだろう。目的地の駅に着くと、駅ビルの商店街を通過する際に、各店舗に設置された近距離通信モジュールからそれぞれの商品のセール情報がスマホに送信され、自分がどの情報を無視し、どの情報に反応したかが各店舗の事業者と広告配信事業社に送信される。

会社について仕事で使用する表計算、メール、文書作成ソフトウェアもすべてクラウド上で作動しており、会社から支給された端末では作業効率集計ソフトウェアがバックグラウンドで自分がどのアプリケーションを毎日合計でどれぐらいの時間を使用しているかが秒単位で記録され、管理職や人事部がアクセスする集計ソフトウェアに表示される他に、クラウドアプリケーションの事業者にも送信される。誰かに監視されている感覚は希薄で、過去の作業効率データからどのタイミングで休息を取るべきか、また全社の個々のプロジェクト進行状況からいつ休暇を取るべきか等をリコメンドしてくれる。朝の打ち合わせを終えた後に同僚とランチを共にしながら、フェイスブックやツイッターで知人や友人の投稿した文章や画像に適当に「いいね！」をつけ、その情報をもとに趣味嗜好が推測されて、関連する広告だけではなく、ソーシャルグラフ上で自分と同じ趣味嗜好を持つ友人や未知の人物の情報が表示される。息抜きにソーシャルゲームを五分間ほどプレイする際には、過去のゲームプレイ情報から動的にゲームの難易度が調整され、ほどよい困難と達成感の最適なバランスのもと、ゲームクリアを助ける有料アイテムの課金がこれもまた最適なタイミングで表示される。それをいま無視しても、さらに改善された導線が翌日にはアプリに反映されるだろう。

仕事を終える少し前には、アマゾンからそろそろ家で切らしているであろう生活用品を翌日の朝に届くように注文するよう促す通知が届き、ワンタップで了承する。帰宅時にコンビニやスーパーでその晩の食材を購入する際には、各店舗での過去の購買履歴から自分だけに最適化されたクーポンがスマホ上で表示される。子供を寝かしつけた後にはデータを同期しているタブレット端末で通勤の間に読みかけていた小説の続きを読むが、その際にも自分が文章のどの箇所に一番注意を向けているかがフロントカメラを使った視線追跡機能によって解析され、電子書籍販売事業者に送信され、より利益率が高いであろう類書が自動計算され、翌朝には最も自分が読書を行う頻度が高い時刻に新しく推薦された書籍の無料サンプルページがダウンロードされているだろう。就寝する頃にはスマホの内蔵マイクが環境音の一定の低下を検知し、自分が眠りについた時刻と起床時間を正確に計測し、体調管理アプリケーションが自分がどのような食品を食べるべきかを商品クーポンと一緒に提示する。

いかがでしょうか。デザイン・フィクションの思考法が有益だと思うのは、ＰＣやスマートフォンに最初から入っている文章アプリもしくは紙とペンがあるだけでも取りかかることができるほど敷居が低いからということと、説得力を持たせるというルールがあるおかげで現在と未来を自然とつなげるような思考法が鍛えられるからです。それは本書の問題意識から言えば、まさに現実のイメージを把握するだけではなく、現実は改変できるのだという感覚もが徐々に増していく経験だといえるでしょう。

このプロトタイピングの実践に関して、本章では最も字数を割きましたが、それは前節のフィードバックを返すということと次の節で説明する実際にサービスを作るということのちょうど中間に位置する難易度と有効度があると考えるからです。ぜひ読者の方にもご自身のペインとペインキラーが何なのかを考えてみて、デザイン・フィクション的な物語を書いてみていただければと思います。

## 2・3 オルタナティブを社会に実装する

最後に紹介する情報技術を活用する表現方法は、問題があると感じたり考えている既存の仕組みに代替する情報システムを自分でつくることです。

言い換えれば、たとえばフェイスブックやツイッターを日々使っていて違和感やストレスを感じる部分があれば、その問題を解決したり改善するサービスや技術をつくって広める、ということを指しています。実際につくってみることで、フェイスブックやツイッターといった社会に浸透しているサービスをただ言葉で批判するだけではなく、どうしてそのような構造と機能になっているのかということへの理解が深まり、逆説的にいかにフェイスブックやツイッターが技術的にすぐれているのかということへの気づきと学び、そして具体的な代替策が見えてきます。

実際に僕は自分の会社でソフトウェア開発を行うようになってから、フェイスブック、ツイッター、グーグル、アップルといったＩＴの巨人たちへの畏怖と敬意の念が非常に高まりました。もちろん、敬意を払いながらも批評するべきところはする、というマインドを保つことが重要です。

当然、このことは言葉で書くほど単純ではありません。まず、フェイスブックのようなソーシャルネットワークは多数生まれましたが、フェイスブックほど成功して世界的に普及しているものは他にはありません。また、いまから一個人でサービスを作り始めたとしても、フェイスブックほどの規模をめざすためには大量の資金やすぐれた人材を獲得しないといけないでしょう。こうした理由から、そもそものような発想を持つことは抑制されてしまいがちです。

しかし、このような事実はオルタナティブを作ることをあきらめる口実にはなりません。一つずつ反証を述べていきましょう。

まず、フェイスブックのような多くの利用者が使うコミュニケーションサービスでさえも、いつか使われなくなる可能性は十分にあります。いま便利だからといって、来年もまだ広く使われているかどうかは誰にもわかりません。今日、インターネットサービスの産業は成熟して、代替サービスが日々生まれています。たとえばプライバシーに対する意識が世界的に高まってきて、フェイスブックの個人情報の取り扱いに違和感をもつ人々の数が一定の閾値を越えれば、より安心して快適に使えるソーシャルネットワークが取って代わるということは十分にありえるのです。[7]

次に、サービスを作る敷居の高さについてですが、プログラミング技術は年々学習しやすくなってきており、また、サービスを運営するためにかかる金銭コストも低下しています。プログラミング技術に関するさまざまなノウハウはインターネットで検索すればすぐに見つかることが多くなっているので、ある機能を作ろうと思った時には初心者でもすぐに手元で実装できることが増えています。運営コストについては、ほとんど無料でサーバーやデータベースなどを使い始められるすぐれたサービスが増えてきているので、お金があまりない学生であっても数十万人、数百万人規模のサービスを運用することは十分可能です。[8]

そして、特に人文系の教育を受けて、自分のことをプログラミングとは無縁だと感じている方々に伝えたいことがあります。これまでの情報サービスの制作ではいわゆる理系の人材が最重要視されてきました。サービスにとっての基盤となる情報処理の仕組みをつくることが最も競争性の高い領域だったからです。今後とも深いレベルでソフトウェアの挙動を改善できる人材が重用されることに変わりはありませんが、同時に理系的な才能以外にも、人文的・非言語的な感性を持つ人材がますます重要になってきます。エンジニアは仕組みを作ることに集中できても、その仕組みの使いやすさや快適さといった感覚的なデザインについては二の次にしてしまいがちです。

しかし、今日ほどソフトウェアの世界が成熟し利用者の目も肥えてくると、たとえ感性的にすぐれていても基盤システムがしっかりしていなくては利用者が増大した時の負荷に耐えることができないのは当然として、いかに裏側の仕組みがすぐれていても感性的な美しさや体験の気持ちよさが伴わないサービスもますます競争に勝てなくなってきています。一般的に広く使われる情報サービスの開発現場では男性中心の理系的なチームから、女性の心に寄り添うセンスや人文的な感覚を持つ多様な人材で構成されるチームを作ることが重要視されてきています。

そして何より、自分でプログラミングができなくても、プログラマーと同等かそれ以上に明確なソフトウェアのビジョンを持つことは可能です。先に挙げたペーパー・プロトタイピングやデザイン・フィクションといった方法論を用いて、日常的に情報サービスを観察する解像度を高めることは誰にでも可能です。そのうえで、優秀なプログラマーに仲間になってもらえれば、すぐにでも巨人ゴリアテを倒すダビデになることができるでしょう。

## オルタナティブの社会実装の事例

ここで、先行する巨人に対するオルタナティブが成功した例として、写真を使ったコミュニケーションサービスの領域で起こった事例を二つご紹介しましょう。

一つ目はInstagram（インスタグラム）という、スマートフォンで撮影した写真にフィ

Instagram（インスタグラム）[AppStore]

ルターと呼ばれる加工をかけた画像をユーザーが投稿するサービスの例です。日本でも有名なサービスなので詳しい説明は省きますが、僕は一言でいって「写真版ツイッター」と表現しています。ツイッターのように利用者同士で互いにフォローしあいながら、公開した写真にコメントをしたり、ツイッターの「お気に入り」ボタン的な♥マークをつけたりして、利用者が写真作品を手軽に発表できるオープンなソーシャルネットワークです。

このアプリはiPhoneが本格的に普及しはじめた時期に人気を博し、その後Android携帯にも対応して世界中で利用者数を伸ばし、現在はツイッターよりも定期的な利用者が多くなっています。

Instagramには前身となるアプリがありました。それはBurbn（バーボン）という位置情報を使ったネットワーキングサービスでした。しかし利用者数が伸びなかったので、共同創業者のケヴィン・シストロムとマイク・クリーガーがBurbnの利用データを観察したところ、利用者は位置情報を発信することよりも写真を投稿することのほうに興味があることがわかりました。

そこで二人は写真を使った他のアプリを調べ上げ、写真にすぐれたデザインのフィルターをかけられるが写真共有の手間が面倒なアプリと、利用者数は圧倒的に多いが写真共有機能がすぐれていなかったフェイスブックのアプリを自分たちの競合相手として設定して、思い切ってBurbnの位置情報の発信機能を排除し、写真をとにかくシンプルに、簡単に投稿できることに集中して、フィルター機能だけを追加し、コメントと♥マークを残したアプリを作りました。それがInstagramとなりました。

その後Instagramは一年半で三〇〇〇万人を超える利用者を獲得し、フェイスブックの利用者数の伸びのスピードを超えました。さらにAndroid版が公開初日で一〇〇万人を超えた時点で、フェイスブックはその時社員が一三人しかいなかったInstagramをおよそ八〇〇億円という破格の金額で買収しました。

その後、フェイスブックの潤沢な資金や技術力にも裏支えされたInstagramは順調に利用者数を伸ばし、二〇一四年末には三億人を突破しています。この事例は異なるコミュニケーションサービスが競合関係にありながらも買収という形で提携し、事業を拡大することに成功することが可能であることを示しています。

Instagramはスマートフォンでも美しい写真作品を誰でも気軽に作れるようにしたことで、文字ではなく写真を単位とするコミュニケーション文化を開拓し、言葉の壁を越えた利用者間の交流を可能にしたサービスであると言えます。

二つ目は二〇代前半の若さでSnaPChatというベンチャーを興したエヴァン・シュピーゲルという起業家の話です。彼が開発したSnaPChat（スナップチャット）というアプリ

SnaPChat（スナップチャット）[AppStore]

は、友達同士で数秒閲覧すると消えてしまう写真を送りあえるというシンプルなものでしたが、ある時点から北米やヨーロッパの一部で主にティーンエイジャーの利用者が爆発的に増えました。

なぜティーンエイジャーの間でSnaPChatが流行したのかという議論も多くされてきましたが、フェイスブックがティーンエイジャーにとっては自分の親や親と同世代の大人が多く活動している窮屈な場になっていたので、SnaPChatが彼ら彼女たちにとって大人の目から逃れて思う存分コミュニケーションできる格好の逃避先になったからではないかという説明が、一定の支持を集めています。

シュピーゲルが明示的にフェイスブックのアンチとしてSnaPChatを作ったのかどうかはわ

かりませんが、彼は当時まだ大学の学部生だったので、ティーンエイジャーの求めているコミュニケーションのありかたが直感的にわかったのではないかと考えられます。

なお、SnaPChatの爆発的な普及を見て、ティーンエイジャーが離れているという調査会社の発表などから企業価値の低下が危惧されていたフェイスブックは、SnaPChatに三〇億ドルという破格の買収額を提示してその傘下に収めようとしましたが断られ、その後にSlingshot（スリングショット）というSnaPChatとほとんど同じコンセプトのアプリを発表しましたが、現在に至るまでSnaPChatと比較してほとんど普及していません。当事者の意図はともかくとして、結果的にSnaPChatはフェイスブックが提供することのできなかった新しいコミュニケーション形式を開拓することに成功したと見ることができます。

留意しなければいけないのは、SnaPChatはセキュリティの脆弱性が指摘されていたにもかかわらず、実際に悪意ある侵入者によって個人情報の流出を許してしまったり、そのことでティーンエイジャーの間で大量に交わされていた利用者たち自身の性的な画像が流出してしまうなどの問題にも直面してきたということです。それでも、オープンな写真コミュニケーションを切り開いてきたInstagramと並んで、SnaPChatはプライベートな写真単位のコミュニケーションという分野を開拓したパイオニアとして歴史に名を刻むことでしょう。

もちろん、この二つの事例はシリコンバレーやアメリカ西海岸という歴史的にＩＴベンチャーが多く成長してきた土地柄に大きく依存しているサクセスストーリーだと言えるでしょう。しかし、当のInstagramやSnaPChatの創業者たちも予測することのできなかった成功でもあります。結果を事後的に見て、同じようなことを再現するのは不可能だと考えるのは簡単なことです。

オルタナティブを実装しようとするうえでの最大の敵は「自分がやらなくても誰か別のもっとすぐれた人がやるだろう」という、自らのアイデアに足枷をはめる考えです。逆に言えば、「自分がそのことに最も興味がある」という好奇心さえあれば、ビジネス上の虫の良い結果を期待せずとも、教育機関で教えられたりお金で買ったりすることのできない学びを得ることができます。

人によって定義は異なるでしょうし、個人的な心情告白にすぎないことは否定しませんが、僕自身は情熱的な好奇心に駆動されることこそがオルタナティブを社会に実装する最良の方法だと信じています。

シリコンバレーに顕著に見られる独特の文化として「多くの有意義な失敗をした人が評

価される」というものがあります。ここでいう失敗は業務上のミスなどのテクニカルなものではなく、事業そのものを指します。ではどうして事業に失敗した人が評価されるのかといえば、上手に失敗し反省を行った人ほど、その専門領域で蓄えた豊富な知見と経験をベースに、次の事業で成功する確率が高いと考えられるからです。

おそらく、言葉による批判とオルタナティブの提案という二つの批評方法の最大の違いは、当事者であるか否かということだと思います。外部の人間として意見するのは失敗のリスクも少なく簡単である反面、得られる学びも少ないでしょう。逆に問題を当事者として共有しながら代替案を提案することは労力がかかるぶん、対象の本質を深く知り、さらに前人未踏の領域で経験を積むことを通して膨大な学びが得られます。

ここまで、InstagramやSnaPChatという画像を用いたコミュニケーションサービスの紹介をしてきました。次に、実際に僕の経営するベンチャー企業で開発したスマートフォン用のビジュアル・コミュニケーション・アプリの紹介を通して、僕自身が仲間たちと手を動かしながらどのようなオルタナティブを提案しようとしているのか、その開発過程で何を経験し、学んできたのか、そしてこれから何をめざそうとしているのか、ということをご紹介したいと思います。

## 2・4 実践例：Picsee、もしくは「親しみ」の実装

二〇一四年一二月に株式会社ディヴィデュアルからリリースしたスマートフォン用アプリPicsee（ピクシー）は、「言葉より速く、たくさん伝わる」というコンセプトで開発しているプライベートなビジュアル・コミュニケーション・アプリです。この原稿の執筆時にはPicseeは世に出たばかりで、今後大きく変化していく可能性が大いにありますが、iPhoneをお持ちの方であれば実際にダウンロードして試していただけるので、ぜひここに書いていることとアプリの最新の内容を比較したり照らしあわせながら読んでいただければと思います。

### 写真の共有から カメラロールの共有へ

スマートフォンが僕たちの日常の一部と化してから、僕たちはますます多くの写真を撮るようになりました。しかし、僕たちが撮った写真の多くはそれぞれのスマートフォンの中で他の誰にも見られることなく溜まっています。なぜかと考えてみると、それは写真を「事後的に共有する」というステップが存在するからです。

Picsee（ピクシー）[AppStore]

ここでいう「事後的」とは次のような過程を指します。これまで僕たちは、誰かに自分の撮った写真を見せようと思った時には、まずスマートフォン純正のカメラアプリで撮影して、それから本体に保存された写真の中から一番良いものを選び、ツイッターやフェイスブック、もしくはInstagramやＬＩＮＥにアップロードして「共有」してきました。さらに、写真にフィルターをかけたり文字をつけたりといった加工を施す場合もあるでしょうし、共有したい相手によってどのアプリを使えばいいのかということを考える手間も加わるでしょう。

こうした事後的な写真共有の過程は、特に親しい間柄の人間同士で写真に込められた感情を届けたいという場合、本当に必要なものなのでしょうか。この疑問を持つことから、Picseeの着想は始まりました。

Picseeは、スマートフォンで「写真を撮った後に別の経路で共有する」というステップをなくすことで、「写真を共有すること」ではなく「写真を使ったビジュアルなコミュニケーション」を提案するものです。Picseeの基本的なコンセプトは非常にシンプルです。それは個別の「写真」ではなく、写真が保存される場所としての「カメラロール」ごと、プライベートで親しくしている人と共有するというものです。ここでいうカメラロールとは比喩的な意味で、スマートフォン本体に入っている写真をすべて共有するという意味ではなく、アプリ上で相手やグループに応じて好きなだけ新しく作ることができるグループのことを指しています。Picseeでつながっている人同士は撮影してすぐに共有のカメラロールに届けられるようになります。

それではなぜ「事後的な共有のステップ」をなくすことでビジュアル・コミュニケーションが生まれるのでしょうか。その理由は、「過去に撮られたたくさんの写真の中から選んで送る」というこれまでの写真共有の方法と、Picseeが提案する「いま自分が見ているものを撮って見せる」というスタイルの違いにあります。つまり、Picseeでシャッターボタンを押して写真を撮り、好きな相手に送るということはそのまま、相手に向けて「いまこの瞬間に自分が見ているものをあなた（たち）に見せたい」というメッセージを伝えることを意味するのです。

## デジタルな生写真の力

Picseeのプライベートなコミュニケーションの最大の特徴は、「写真を撮って相手に見せることに理由がいらない」ということです。たとえば街中を歩いている時、本を読んだりテレビを見ている時、家族や友だちと一緒にいる時、目に見えている風景や人、モノや

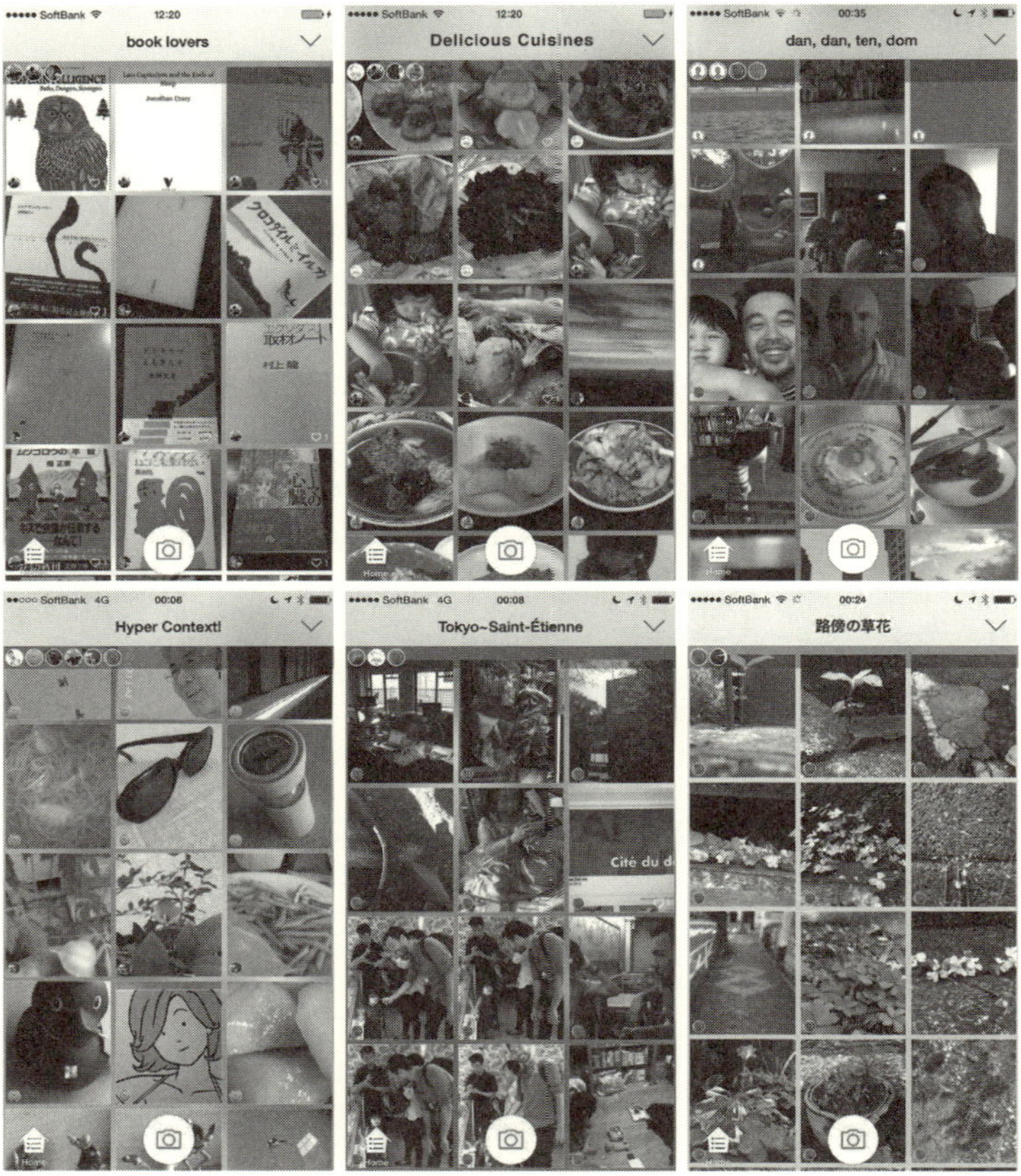


Picsee で作られたグループの例
左上から：本の趣味が合う友人同士で気に入った本の表紙を撮り合うグループ、近所の美味しい料理を撮り合うグループ、東京とニューヨークに住む友人たちが日常を撮り合うグループ、気になるものを撮り合うグループ、友人が来日した時に作ったアルバム的なグループ、路地に生える草花を撮り続けるグループ

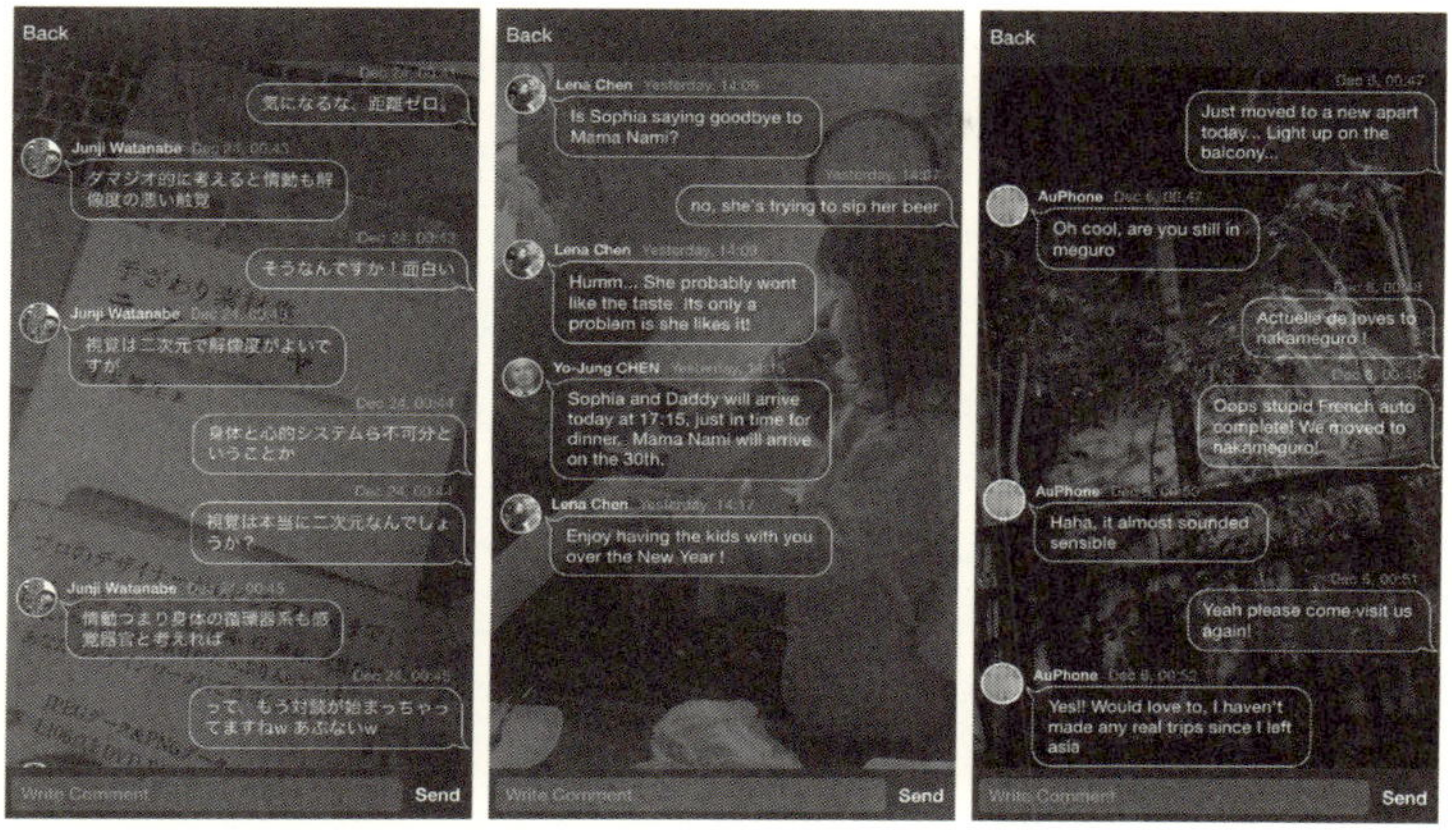


Picsee の写真の上で交わされるチャットの例
左から：本の表紙の上で研究テーマについて語り合うチャット、離れた家族同士のチャット、友人間のチャット

コトを「いいな」「綺麗だな」「面白いな」と感じた時、その感情を伝えたい人に向けて Picsee で撮影します。すると、相手はその写真を見て、新しく写真を撮ってくれるかもしれないし、「お気に入り」を意味する♥マークを送ってくれるかもしれません。もしくはその写真を起点にテキストを使った会話がはじまる場合もあります。

言い換えると、Picsee では「特に用事がなくてもコミュニケーションを始められる」と表現したほうがわかりやすいかもしれません。言葉を添えずに写真を送るということを、たとえばメールや各種メッセンジャーで行ってみるとどうしても唐突な印象が生まれてしまいますが、Picsee では自然に行えます。それは「カメラロールを共有」している関係だからこそ可能になる、まさにビジュアルなコミュニケーションだからです。

これまで、デジタルな写真はネット上のソーシャルネットワークやパブリックな画像共有サイトか、もしくはテキストを打つことを前提とするメールやメッセンジャーといったコミュニケーションサービスの上で共有されてきました。

事後的な共有のステップが介在する、ということは、僕たちが見る写真のほとんどすべてが、二〇世紀後半に有名な写真論を著した批評家のロラン・バルトがいみじくも言ったように、「かつてあったもの」、つまり過去の存在であることを意味しています。

たとえばニュース記事の写真は数日前から数時間前の写真だろうし、Instagram やフェイスブックの写真でも速くても数時間から数十分前に撮影されているものがほとんどで、さらに選別や加工の時間も経過しているでしょう。しかし、Picsee で撮られ、送られる写真は、インターネットへの接続とデータの送受信にかかる数秒の遅延を除けば、確かに「一瞬前に撮影者が見た光景」だと言えます。

このことを僕たちは「デジタルの生写真」と呼び、他の共有方法では味わえない感情を Picsee が喚起する理由の一つとして考えています。社交的な場所で多くの人に何かを見せようとする時、僕たちはついつい身構えたり、自分を良く見せようとしがちですが、安心できる場所で気心の知れた人同士といる時にはそのような気負いも必要なくなるし、「広く共有する」という意識を捨てて、「いま、これをあなたに見せたい」というふうに生写真を相手に向けて撮ることが可能になります。

## 「親しみ」の情報

アプリ公開までの二年のあいだ、開発を続けながらPicseeを日常的に使うなかで、このデジタルな生写真を交換するビジュアル・コミュニケーションから生まれる感情は他のサービスでは得られないものだという確信を僕自身や開発チームで深めてきました。テスト版を長期間にわたって使い続けてもらった友人や仲間からも、異口同音に「大事にしたい人たちとのつながりをもっと感じられるようになった」と言ってもらい、長期間にわたって使ってもらえるようになりました。

僕自身、Picseeを二年間毎日のように家族や友人たちと使うなかで、ある大事なことに気がつきました。それは、Picseeを使うまでは、自分がスマートフォンやPCを通して日常的に見ていた写真のほとんどが、国内外のニュース記事や、知人のランチや旅行先の風景など、全く知らない人であったり、必ずしも親しくはない人たちによって撮影されたものので占められていたということです。

しかしPicseeを使うようになってから、一緒に暮らしている家族や仕事をしている仲間、お互い忙しかったり、遠く離れてなかなか会えない友人たちなど、いつも気配や温もりを感じていたい人たちの視点から撮られた他愛なくも愛おしい風景が、毎日の生活のなかでより大きな割合で目にするようになりました。Picseeを使うことで、自分が大事に想っている人たちとお互いの視覚を日常的に交わすことで、プライベートな情報量の本来あるべきバランスを取り戻すことができたと実感しています。

## コミュニケーションサービスの歴史におけるPicsee

それではPicseeはこれまでのコミュニケーションサービスの歴史のなかでどこに位置づけられるのでしょうか。別の言い方をすれば、Picseeは何に対するオルタナティブとして捉えることができるのでしょうか。

フェイスブックやツイッターで自分の活動や考え方に関する情報をシェアする。このように一瞬で多くの人々に情報を発信できる場が存在することは多くの人々に勇気を与え、孤独を癒やし、価値の高い作品や活動が世に評価されるきっかけとなってきました。

そして現在、アメリカと日本を中心に、画像を使ったコミュニケーションサービスが躍進を続けています。先日も、オープンな環境での写真共有サービスInstagramの利用者数

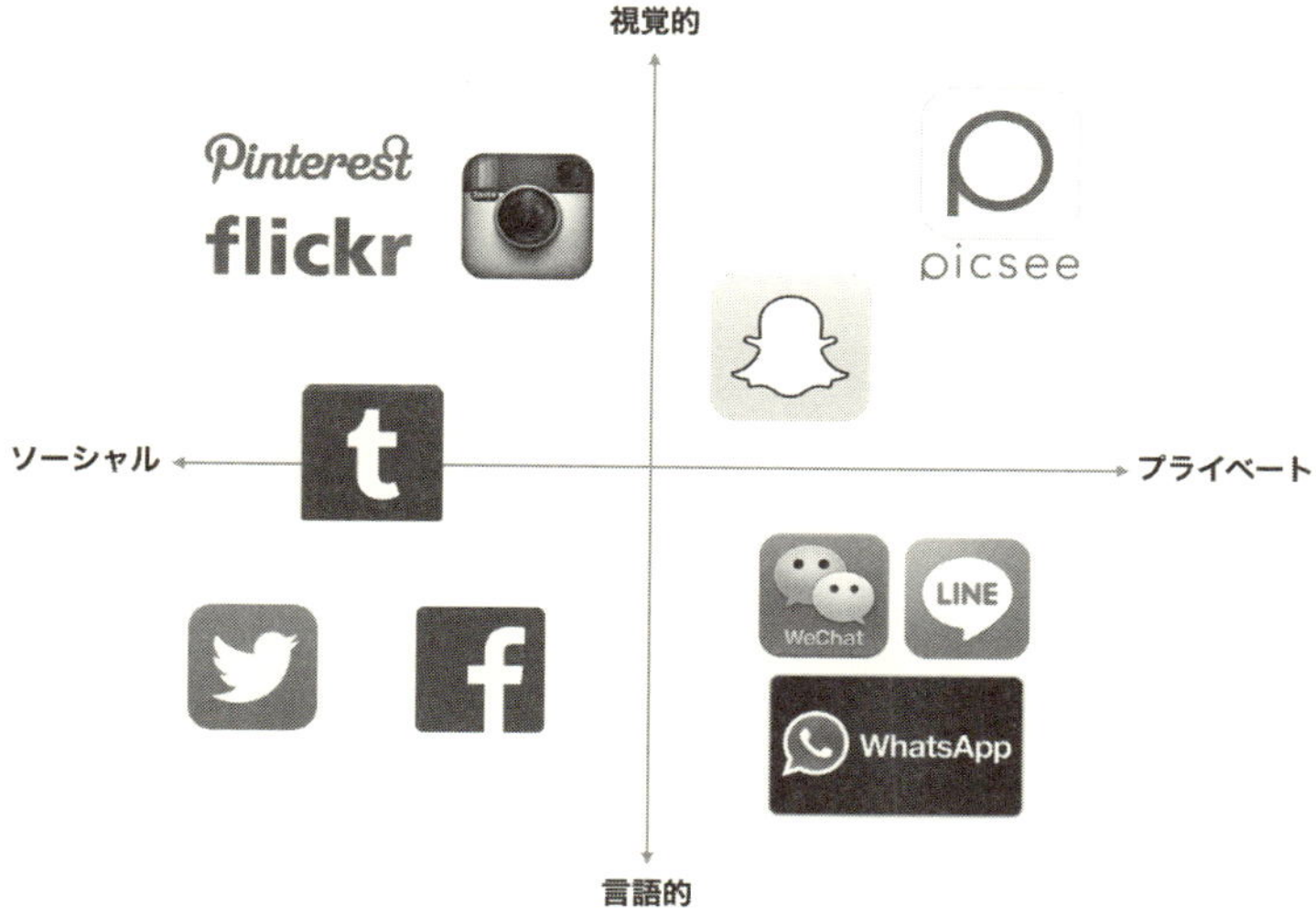


Picsee と他のサービスの位置づけ

がつぶやき投稿サービスのツイッターの利用者数を抜いたという報道がありました。この背景には、同じ言語を使っている人同士であっても、言葉ではなく画像を介したコミュニケーションのほうが快適だと感じるからなのかもしれません。

僕はクリエイターが自分の著作権を他者に対して段階的に開放する「クリエイティブ・コモンズ」というNPOの活動を通して、オープンなインターネットの推進に関わってきました。世界最大の画像共有サービスの一つであるFlickr（フリッカー）では、三億枚もの写真にクリエイティブ・コモンズ・ライセンスがつけられ、利用者同士による写真の創造的な利用が日々行われています。なので、万人に開かれたオープンなソーシャルネットワークが、僕たちにバーチャルな社会参加の機会を与えてくれたことの価値もよく知っています。

他方で、人は常に公共の場に居続けていては疲れてしまうこともまた事実です。パブリックな場所に向けて発信された写真やメッセージには伝えたい意図や目的を織り込む加工のプロセスが入り込みます。そして、オープンでソーシャルな場所は期せずしてたくさんの人たちによる刺激の強い、加工された画像やメッセージが所狭しと飛び交うようになりがちです。

二〇一〇年代のスマートフォン隆盛時代に入ると、ＬＩＮＥ、WeChat、WhatsApp といったプライベートなテキストメッセンジャーアプリが爆発的に浸透しました。そこでは文章を用いながらも絵文字やスタンプを取り込むことで、言葉だけのコミュニケーションの重みをビジュアルな要素によって軽量化する、新しいコミュニケーション文化が生まれました。

この流れの中で Picsee は、プライベートな領域において言葉からではなく、視覚からはじまるコミュニケーションの普及を提案する存在として位置づけられます。すでにアメリカでは SnaPChat が同じくプライベートかつビジュアルという領域で、時間が経つと消滅する一対一の刹那的な写真コミュニケーションを提供していますが、Picseeは写真を消さず、残すことで、むしろ親しみの感情が、写真を交わす人の間で自然に醸成していく場所をめざしています。

Picseeで交わされる写真の一つ一つは、時にはピンボケしていたり、適当な構図で撮られていたり、そのカメラロールに参加している人にしか文脈がわからないものが多いです。しかし、それらの未加工の生写真には、純粋な喜びや驚きや愛情といった感動の念が、鮮度の高い状態で込められています。そうした生写真が集まっていくことで、すでに親しい人の間はもちろん、これから親しくなろうとしている人の間でも、あたたかい感情が醸し出されるようになります。

先に挙げたロラン・バルトは晩年、「愛するものについてはうまく語れない」という言葉を遺していますが、言葉だけでは感情を伝えきることはできないことを僕たちはみな体験的に知っていると思います。その意味でPicseeは、言葉を介することなく目の前の「現在」を写真に撮るという形で、好きな人に「愛するものをそのまま見せられる」ような伝え方を可能にしていると言えるでしょう。

これまで、個々人の視覚的な記憶はそれぞれのスマホのカメラロールという閉じた場所にしまい込まれていたため、直接的に交換するという可能性が制限されていたと言えます。

Picseeでは「カメラロールを共有する」というオルタナティブの提案を通して、すでに親しい人同士も、これから親しくなりたいと感じている人同士も、自然と親しみの感情を滋養できるようなコミュニケーション文化を作っていきたいと考えています。

## ドッグフーディングを通したサービスの進化

このアプリはもともと、僕の非常に個人的な悩み、つまりペインから着想を得ました。それは子供が生まれたことで、夫婦でそれぞれが撮る子供の写真が膨大な量になり、上手に共有することができない、というものでした。既存のクラウド・ストレージや写真共有のサービスは存在していたのですが、共有の方法が撮影のタイミングではなくアップロードすることに最適化されており、どうにも使いづらかったのです。

そこで、当初のペインキラーのアイデアとしては、妻と僕のスマートフォンのどちらで撮影しても同じ場所に保存されるサービスのイメージを着想していました。これはつまり、「写真共有」という既存の領域のペインを解決するアイデアだったのです。

しかし、このアイデアを仲間たちと議論し、実際にプロトタイプを作って自分たちで使いながら形にしていくと、もともとのペインを解消する便利な道具としてだけではなく、それ以上に全く新しいコミュニケーション方法を提供するサービスとなる可能性に気づいたのです。

このアプリは一時間で「撮るだけで共有できる」という機能的なプロトタイプを作りましたが、その後たくさんの小さな失敗を積み重ねながら、つまりつくって試すことで理解したことを基準にして次に何をつくるかということを見定める繰り返しを重ねながら、最終的に公開するクオリティに至るまでに二年をかけました。

二年というのは変化のスピードの速いＩＴの世界では気の遠くなるぐらい長い時間です。しかし途中で挫折することなく、自分たちの確信を胸にじっくりと、まるで発酵食品を醸成させるように、開発を続けてきました。ＩＴの世界では、自分たちが作ったサービスを自分たちで食べて、本当に美味しいと思えるまで改善を行い続けることを「ドッグフーディング」と言います。つまり、たとえドッグフードを開発しているのだとしても、自分たちが美味しいと思えるぐらいすごいドッグフードを作れ、という格言めいた表現です。

Picseeを開発しながら日常的にドッグフーディングするようになってから、ただ「写真を撮るだけで送れる」という機能だけでは「ビジュアル・コミュニケーション」と呼べるレベルに達せないということに自分たち自身で気づきました。多くの人は、写真は撮ってから後で送るものだという常識を持っているので、撮ってすぐに送られるという真新しい体験をどうすれば受け入れてもらいやすくできるかということを考える必要が生じました。

そのことが違和感なく感じられるようにするために多くの細かな工夫を考えましたし、これからの開発においても常識と新規性のギャップを埋めることが必要になるでしょう。

たとえば自分の端末で写真を撮ってから相手の端末に通知され、写真が表示されるまでの時間が長いと、コミュニケーションを行っている感覚が損なわれてしまいます。そこでこの遅延時間を可能な限り短くするため、送信される写真のデータサイズを複数段階に分けたり、回線が弱かったり接続のない場所でも撮れば後でちゃんと届くような仕組みを入れたり、その他にも多くの見えないユニークな機能が Picsee のサービスを裏側で支えています。

同じくコミュニケーションの感覚を生みたいという観点から、フルスクリーンで写真が見られるという点もまるで視覚を共有している感覚を与えるという直感に従ってこだわった機能です。それでも、さまざまな画面サイズの機種間で齟齬を感じさせないような最適な表示方法を見つけることにも苦労しました。

また、プライベートな写真・動画を取り扱うため、セキュリティには細心の注意を払っています。データの通信経路の暗号化はもちろん、データベース側でも個別のデータへのアクセス制御を厳密に定義し、悪意ある攻撃にさらされてもデータが漏洩しないようさまざまな配慮を行っています。

そして常に苦労してきたのはバグ、つまり予期せぬプログラムの誤作動によってアプリが終了したり画面が乱れるという問題との戦いでした。バグは新しい機能を追加するたびに発生しやすいものですが、どうすれば発生するのかという再現パターンを発見しなければ修正に時間がかかってしまうので、複数のスマートフォンを手に持ちながらバグを見つけ出すということも開発中に常に行っていることです。

こうして二年間、妥協することなく開発を続けることで、Picseeが従来の写真共有のペインに対するペインキラー的なツールとしての要件を満たしているのみならず、新しい視覚コミュニケーションの提案として十分に気持よく作動するサービスにまで昇華できたという感覚を得られた時点で一般リリースを行いました。

情報サービスは一度完成したら終わりではなく、生き物のようにしなやかに進化しながら、そのあるべき姿へと漸近していくものです。ここで述べているPicseeの機能も、今後とも多くの変化にさらされる可能性がありますが、その根本にあるコンセプト、つまり人が「いま見ているものを好きな相手に見せたい」という願いを最も自然に達成できる道具を目指すという部分は強化されていくでしょう。

## ペイン／ペインキラーから新しい価値の実装へ

技術的知見からではなく、ペインとペインキラー、つまり個人が痛感していたり、社会的に共有されていると思われる苦痛とその処方箋を考えるという行為から、必要な情報技術を考えることが最善の情報社会批判としてのオルタナティブの創出につながるということを見てきました。

僕はプログラミングやベンチャー起業というものは誰にでも実践できる最良の情報社会批評の方法だと考えています。ペインとペインキラーという問題解決型の思考法は、ひとまずのとっかかりを作り、自分の存在と情報技術が密接に関係していることを自分ごととして、つまり当事者として考え、代替案を提示するわかりやすい方法です。さらに言えば、合理的でわかりやすい問題と解決のペアを見つけられれば、他人に説明して理解してもらえる確率も増えるでしょう。

そのうえで、時として明確な問題と解決のフレームに収まりきらないものを生み出してしまうこともあります。そのような時は「うまく説明できないけれど、すごく良いもの」としか言いようがない場合があります。この章の最後で紹介したPicseeは、最初は「写真共有のペインとペインキラー」という問題解決型の思考から生まれましたが、その発展段階においては従来の合理的な説明だけでは語り尽くせない「親しみを感じる視覚コミュニケーション」という新しい価値が生まれました。

人によって意見が分かれることだと思いますが、僕は後者のタイプのイノベーション、つまり一見すると非合理的な体験を生む情報技術のほうが面白く、価値が高いと考えています。なぜならば、ペインとペインキラーは誰にでも合理的に考えつくことができますが、新しい感覚を創りだすことは個々人に固有の感性や偶然といったものからしか生まれないからです。

たとえばフェイスブックは「地球上のすべての人間をつなげ、個々人が実名で透明性の高い情報発信を行えるようにする」というマーク・ザッカーバーグCEOの一貫したビジョンのもと、理路整然としたサービス構築を行っています。大学寮の一室で作り上げ、世界最大の利用者数を誇るまでに至ったその経営能力には驚嘆せざるをえませんが、同時に「実名で透明性の高い情報社会」というものがすべての人にとって良いものなのかというと、個人的には疑問を感じざるをえません。

もちろん、フェイスブックがいまやInstagramやWhatsAppといった必ずしも実名でなくても参加できるサービスを傘下に置いたり、自らRoomsという匿名掲示板を開発したりするなど、グループ企業としての多様性は増していることには留意するべきでしょう。

対照的にツイッターというサービスは多くの謎に満ちあふれています。生みの親が三人もしくはそれ以上いると言われており、自分の近況を手短に発信するということが面白そうという直感に従って構築され、徐々に著名人も使うようになって「つぶやき」＝ツイートという新しい表現文化が世界中に広まってきました。フェイスブック以前にも友だち関係を承認しあうソーシャルネットワーキングサービスはMySpace、Friendsterといった前例が存在していましたが、自由に相手をフォローしたり、フォローされたりという匿名や仮名でも参加できる緩いつながりのネットワークの形はツイッターによって定義されたといっても過言ではないでしょう。現在世界中で利用者数を増やしているInstagramも、当初は画像版ツイッターと評する向きもありました。

共同創業者のエヴァン・ウィリアムズはBloggerという最初期のブログシステムを作ってGoogleに売却した後にツイッターをスポンサーし、政治的な紆余曲折の後に現在は新しいブログサービスであるMediumを開発していますが、Mediumもまたデザインの美しさにものすごくこだわっていたり、個別の記事の人気度があえてわかりづらくなっていたりと、ビジネス的な見え方があまりしないにもかかわらず多くの書き手と読み手を惹きつけているサービスです。

合理的で、誰にでも理解できる問題解決に根ざした情報のシステムやサービスが普及することで多くの人々の生活が便利になることはとても素晴らしいことです。しかし他方で、社会や文化の中で便利で合理的なものばかりが溢れても、息が詰まってしまわないでしょうか。言い換えれば、合理的な考え方というものは摩擦を生まずに人々の意識にストンと落ちていきますが、一見何のためにあるのかわからないというものを目にした時、意識に摩擦を生むことで思考や感情の反応を生み出します。

この認知的なストレスとして体験される摩擦こそが人間的なコミュニケーションのベースにあり、情報技術と人間の心が連携するきっかけとなるのです。

## オルタナティブをつくることで自己と現実を再接続する

この章では、三つの段階に分けて、情報技術を自分の価値感へ近づけるための方法を紹介しました。特に最初の二つの方法、「フィードバックを返すこと」と「プロトタイプをつくること」は誰にでもすぐに始められることであり、最後に紹介した「オルタナティブを実装する」ための準備段階にもなります。

その過程で、情報技術を自分の心と結びつけて、よりよいものに変えることができるという感覚を育むことが一番大事なことです。

二〇一四年に、アメリカに住む一四歳の女の子が、身近で頻発しているソーシャルネットワーク上でのいじめの問題を解決するために、悪意のある言葉が含まれているメッセージを投稿する前に検知し、投稿者に「このメッセージは誰かを傷つけるかもしれませんが、本当に投稿しますか?」という警告を出すRethink(「再考する」)という機能を考案したところ、Googleが主催する科学博覧会で選考され、プロジェクトが立ち上がりました。このとてもシンプルなアイデアが実世界でどれほど効果をあげるのかについては今後の検証が必要ですが、この事例はまさに当事者が自身の切実な想いを解決しようとしているだけではなく、ソーシャルネットワークにおける利用者の心に焦点をあてて、よりよいビジョンを提示する好例だといえるでしょう。

このように人間の心に寄り添う情報技術のオルタナティブは今後とも重要性が増していくと考えられます。そのうえで、人間がどのように情報と接しているのか、情報が心の領域とどのように関係しているのか、という議論も必要になるでしょう。次の章では、人間と情報の関係性について、第1章で紹介したサイバネティクスの見地と幾つかの事例をもとに、解説していきます。

## 3　情報社会のコンパス

「地図ではなく、よいコンパスを持つこと。」──伊藤穰一

情報技術の発展のスピードはとても速く、開発の現場も利用者の環境も日進月歩で変化していきます。そのたびに、新しい技術や動向のキーワードを解説し、過去と未来の断絶を語る論考が現れますが、そのような流行に振り回されていると情報の本質を見逃しかねません。

世界最高峰の学際的な研究機関であるマサチューセッツ工科大学メディアラボの学長を務める伊藤穰一さんは、こうした変化が激しい時代を生きるうえで重要な点を七カ条にまとめていますが、その一つが「地図ではなく、よいコンパスを持つこと」の推奨です。「地図」というのは、状況を固定してとらえることを意味します。流行が変化するたびに地図

を書き換えていては疲弊してしまいます。そうではなくて、どちらの方向に向かっているのかということを状況に応じて示してくれる「コンパス」を持つことで、どのような状況でも柔軟に適応することができます。

この章では現代の情報社会を航海するためのコンパスをつくるために役立てることのできる本質的な原理について、僕なりの考え方をいくつかのキーワードに分けて見ていきます。もちろん、コンパスのつくり方にも一意で絶対的な方法は存在しないと思います。読者には、この章を読み進めながら、「自分だったらこういうコンパスにするだろう」というふうに考えや想像力を巡らせてもらえれば筆者としても嬉しいです。

## 3・1　情報の哲学としてのコンパス

第1章で見たように、「情報」という言葉の定義や解釈、そして印象は非常に多様で、人や状況によってその受け止め方が大きく異なります。現代社会で「情報」というとデジタルなデータのイメージを想起される人も多いかと思われますが、本来情報とは物理的な世界にも溢れているものです。印刷された文章、ラジオやテレビから流れる音声や楽曲、家族や同僚との会話、意識に流れる思考、眼前に広がる光景や街中に漂うさまざまな香り、こうした人間が知覚しうるあらゆる対象に「情報」が宿っています。

その意味で、情報社会を考え、生きるうえで、インターネットに代表される情報の基盤技術やコンピュータやスマートフォンといった情報機器の動向にのみ注目していては、情報の本質を見誤ってしまいます。逆に言えば、身体や物理世界に潜んでいる情報に注目することの重要性がますます高まってきています。

しかし、コンピュータ上で発生し、処理されるデジタルな「情報」が、人類の歴史のなかで今日ほど社会的に大きな位置を占めることがなかったこともまた事実です。情報技術がもたらしたポジティブな効果をざっと振り返ってみましょう。ネット上での検索やショッピングといったサービスの登場は僕たちの生活から多くのストレスや労力を取り除くことに成功しました。ブログやツイッター、フェイスブックといったソーシャルメディアは個々人が簡単に自分の考えを発信したり、他者の意見やノウハウを知ることを可能にしていますし、その他のさまざまなネットコミュニティは同じ趣味や目的を共有する人同士をつなげ、時には孤独や不安から解放し、時には人生に彩りを与える役割を果たしています。LINEのような親密な人同士を結ぶ限定的なネットワークは、家族や友人のコミュニケーションを支える社会的なインフラとして機能しています。また、クラウドソーシングと呼ばれるネット上で仕事の受発注を会社だけではなく個人単位でも行えるサービスは、雇用の新たな形を生み出そうとしています。

このように情報技術は僕たちの社会にとって多くの新しい価値を生み出していますが、大きな問題を多く生んでいることも周知のとおりです。日本やアメリカ、ヨーロッパなど先進国の時事ニュースを眺めていても、企業の情報システムへの悪意ある攻撃に伴う個人情報の流出、スパムや詐欺の横行、ソーシャルメディア上での不用意な発言が引き起こす「炎上」、メッセンジャーアプリ上でのいじめ、さらにはアメリカや中国などの国家政府間でのサイバーテロの応酬、そしてアメリカの政府機関による全世界的な通信傍受のスキャンダルなど、多くの市民の生活に直接影響するような情報技術関連の事件が日々発生しているのがわかります。

発展途上国に目を向けてみると、あわせて一〇億人以上の利用者を抱えるツイッターとフェイスブックは、北アフリカで二〇一〇年から二〇一二年にかけて起こったジャスミン革命、もしくは「アラブの春」と呼ばれた独裁体制に対抗する民衆蜂起を支えたと喧伝されています。しかし、北アフリカ諸国におけるその後の不安定な政治情勢や社会混乱を見ても、ソーシャルメディアが瞬発的な民主化運動の動員に効果を発揮したとしても、中長期的な社会的な合意形成のためには未熟なものであると言わざるをえません。

この状況を大局的に眺めてみると、機械的な情報の世界と生命的な人間社会の間で摩擦が起こっていると見ることができるでしょう。言い換えれば、機械的な情報の氾濫と情報処理技術の進歩に、僕たち人間の身体や脳が追いつけていないことのあらわれとして見ることができます。僕たちは情報技術がもたらす恩恵と危険の両方を冷静に把握して、前者を担保しつつ後者を低減させる戦略を打ち立てる必要があります。そのためには、単に情報技術の観点からのみならず、人間的な見地に立ったうえで「情報」概念を再定義していくことが必要となるのです。

第1章で紹介したサイバネティクスという学問の系譜は、この目的のための道筋を与えてくれるものです。サイバネティクスが提供する考え方は、情報社会のなかで生命と機械の世界を調停し、共存させるための新しいコンパスをつくるために役立てられると僕は考えています。

## 人間中心のエンジニアリングに向けて

従来の工学、つまりエンジニアリングの領域では「なぜ」よりも「なにを」「どのように」ということを対象化してきました。そこでは「どうすればシステムをもっと速くできるか」「どうすればもっとシステムを堅牢にできるか」といった効率性や機能の強化ということを目的化してきたわけですが、そもそもなぜそれを行うことが良いのか、ということは各領域ごとで暗黙の了解となっており、あまり深く追求されない傾向があります。工学の価値基準は、さまざまな手法をなるべく客観的に比較し、よりすぐれた手法を提案するという共通言語の上に成っています。「ある有名な計算手法があるが、○○が問題である。なので我々は△△という別のすぐれた手法を提案する。実際に作ってみて両者を比較したところ、△△のほうでは□□%の改善が認められた」というのが典型的な工学系論文の構造です。

しかし、エンジニアリングの世界は、なぜ特定のシステムを改良するのか、ということに対しては、「社会のなかで多くの人が使っているから重要である」という以上の論理を持っていませんし、そのための議論の道具も乏しいのです。そのことは情報社会以前の物理的なエンジニアリングにおいても、たとえば原子爆弾や原子力発電所のように、現代においてもまだ十分に制御できずに人間社会を危機に曝す技術を作ってしまったことに象徴されていると言えるでしょう。

加えて言うと、二〇世紀的なエンジニアリングはまだ物理世界に関わるものが多かったわけです。たとえば公共建築において、より頑健な橋を作る、自動車事故における死亡率を下げる、といった人間の安全を向上させるような技術は、本能的にもその存在意義が感得しやすいものです。しかし、情報技術というものは、本当に人間にとって必要なものなのか、そうだとしてもどの程度必要なものなのか、などということは、どんなに頭の良い人にとってもまだ直感的にわかりやすいかたちで説明しにくいものなのだと言えます。

もちろん、インターネットがその黎明期から背負ってきた社会理念の一つとして、より透明な世界を作る、つまり、誰でも有益な情報を知る権利を全うし、教育レベルを向上させ、世界中で貧富の差に関係なく知識を獲得することができるようにするということがあります。この理念は実際に僕たちの文明に実装されつつあると思いますが、同時にインターネットでは、スパム広告のようにお金儲けだけが目的だったりする情報や、悪意を助長する言説を拡散するメディア、そして利用者がなるべく多く課金するように設計されているゲームなど、人間の生活を向上するどころか悪化させるようなシステムも多く含まれています。

一つの切り口として、このような非人間的なシステムは、利用者を一方的に制御するために情報処理技術を使っている例だとみなせるでしょう。そうではなく、利用者の恩恵が最大化されるように情報の仕組みをつくることこそが人間の価値を中心に捉えたエンジニアリングの形だと言えます。

そして既存のシステムをただ外から批判することにとどまらず、システムの内側に入って作ってみることこそが、情報社会を批評する最良の方法だと僕は考えます。情報の哲学は、僕たちを取り巻く情報システムの設計に人間の観点を差し込むための指針、つまりコンパスのつくり方を議論するためのものなのです。

## 3・2 情報の摂取と表現

情報と人間がどのように関係しているのかということを探るために、僕たちがどのように情報を受け取り、発信しているのかについて深掘りしてみましょう。ここでは情報の「摂取」と「表現」というキーワードを挿入していきます。

### 理性的なPCから感性的なスマートデバイスへ

情報技術のただなかにある僕たち人間の価値を中心に据えるために、まず人間と情報がどのような接点で触れ合うのかということを考えてみましょう。言うまでもなく、今日

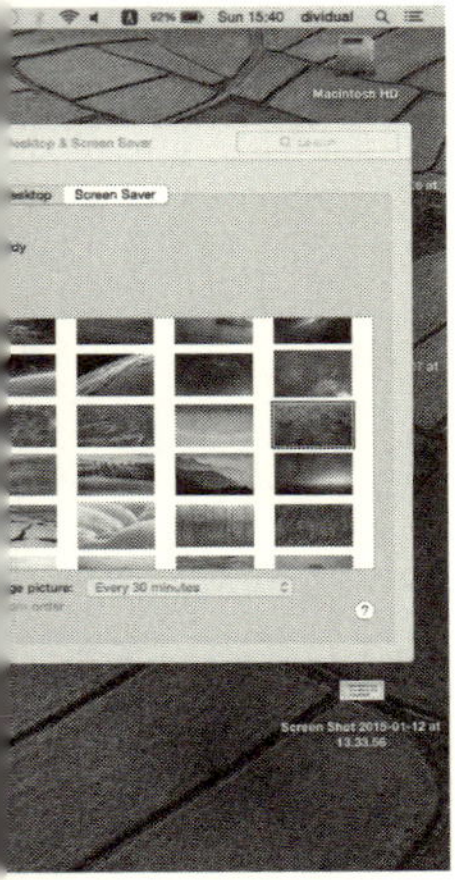


僕たちを取り巻く機械的な情報のほとんどは、コンピュータを介して生成されているものです。僕たち人間はコンピュータとどのような関係を結んできたのでしょうか。コンピュー

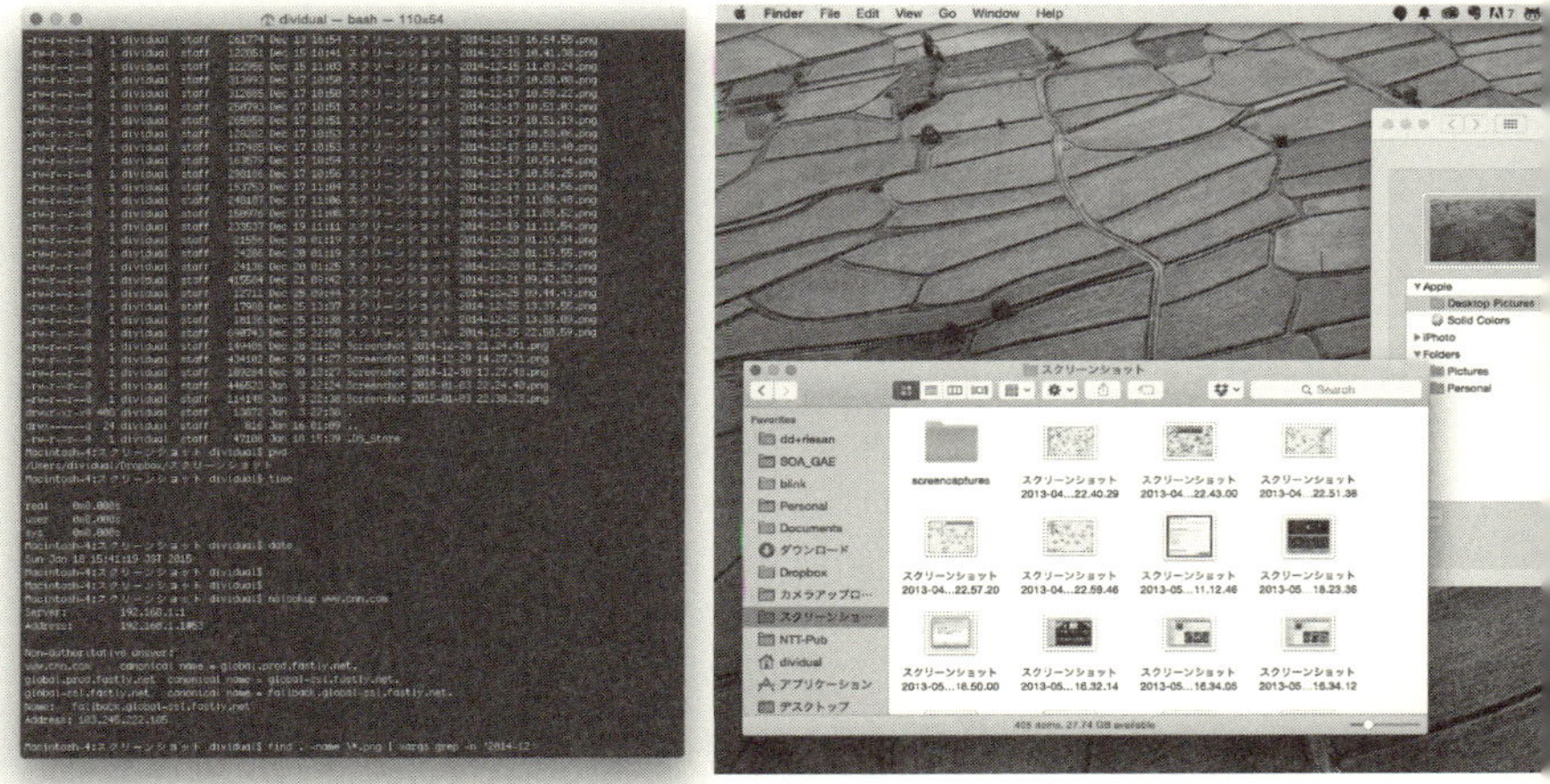

左 CUI と右 GUI

タが一般家庭にまで普及したのは、つい最近のことです。ここで少しだけ過去にさかのぼって振り返ってみます。

一九八〇年代におけるパーソナルコンピュータ（以下ＰＣ）の普及は、人間社会と計算機のあり方を一変させました。それまではメインフレームと呼ばれる巨大な計算機が、主に研究機関や企業などで利用される主流のコンピュータでしたが、机に据え置きできるサイズのデスクトップＰＣの登場は、コンピュータを個人でも購入でき、活用できる時代を開いたからです。

二〇世紀前半に開発された最初期のコンピュータは大きな部屋一杯ほどのスペースを占めるもので、その計算の目的も敵軍の暗号解読やミサイルの弾道計算などが主なものでした。当時、コンピュータの計算の精度は文字どおり生死を分けるものであり、コンピュータとは合理性を突き詰めて作られ、使われるものでした。しかし、一九七〇年代にコンピュータの小型化が始まり、八〇年代にはPCが発展して、オフィスや家庭にも据え置きのデスクトップPCが置かれるようになってからは、コンピュータの社会的な立ち位置は徐々に変わっていきます。

まず、一般的なPCでは、それまでの主な操作方法であった、文字を一行ずつ書いて命令を送るCUI（キャラクターユーザーインタフェース、シーユーアイと発音）に替わって、映像的にコンピュータを使うための環境であるGUI（グラフィカルユーザーインタフェース、ジーユーアイと発音）が導入されました。CUIでは個別の命令文を覚えて使わなければならず、コンピュータの初心者にとっては敷居が高いものですが、マウス・ポインターやウィンドウ、フォルダーやファイルのアイコンなどの図像を導入したGUIはコンピュータをより直感的に操作することを可能にし、技術に詳しくない人でもコンピュータを使い始められるようにしたと言えます。

結果として、オフィスで作業するビジネスマンが使えるワードプロセッサ（ワープロ）や表計算ソフトだけではなく、たとえばデザイナーがグラフィック画像を作るための画像処理ソフトウェアや、子供でも遊べるゲームなども多く登場しました。GUIを備えた

PCの登場によって、合理的な仕事のため以外の、趣味や娯楽といった感覚的な活動のためにもコンピュータを使う文化が花開いたと言えるでしょう。この転換を、コンピュータがより人間の自然に近づいた一歩と表現してみてもいいかもしれません。

その後、PCはますます廉価に、そして軽量になり、計算性能も向上し続けました。九〇年代中盤からはカバンに入れて持ち運びできるノートPCが登場し、二〇〇〇年代中盤からは携帯電話に内蔵される計算チップが徐々にPCのそれに匹敵するようになり、今日のいわゆるスマートフォンの開発が急速に進みました。この大きな流れは、コンピュータが徐々に人間の身体に近づいてきた動きとして見て取ることができます。現在、メガネや腕時計にコンピュータとディスプレイを埋め込むスマートグラスやスマートウォッチなどの開発が活発になっていることは周知のことでしょう。

スマートフォンは使おうとするたびにポケットなどから取り出して、両手を使って操作する必要がありますが、腕時計やメガネの形をしたウェアラブル（身につけることができる）な情報端末は、腕や顔などに常時身につけるため、いちいち手と指を使って取り出す必要もなく、その操作も片手だけ、もしくは声や身振りだけで完結します。この流れから、コンピュータと人間が相互反応する時間的な距離がどんどん縮まり、かかる手間が少なくなっていく傾向にあることがわかります。

コンピュータ
スマートフォン
スマートウェア
GL⁄ISS
メインフレーム
スマートグラス
（グーグル Glass）
WATCH
デスクトップ PC
（Macintosh）
スマートフォン端末
（Xperia, iPhone）
スマートウォッチ
（Android Ware, Apple Watch）
ノート PC
（MacBook）
タブレット端末
（iPadAir）

コンピュータの身体化の系譜

コンピュータが僕たちの身体に近づけば近づくほど、コンピュータの内部で動いているテクノロジーは背景化していきます。つまり、僕たち自身の、「ふだん使っているテクノロジーがどのようなものなのか」ということに対する意識が、良くも悪くも薄くなっていきます。僕のようにPCの普及と共に幼少時代を過ごした世代は、スマートフォンを見て「コンピュータはこんなに小さくなったのか」と感じますが、いまの一〇代の人であれば、スマートフォンにかつてのコンピュータの姿を投影することすらないでしょう。

それではこの変化は僕たちと情報の関係にどのように影響するのでしょうか。たとえばコンピュータと向き合う姿勢を例に考えてみましょう。机に置いてあるデスクトップPCやノートパソコンなどの画面に向かってコンピュータを使う時、椅子に座り、顔を少し上げて、両手をキーボードに置いて使うのが一般的です。しかし、携帯電話やスマートフォンの場合はソファやベッドに寝そべりながらだったり、歩いたり電車に乗っている時にでも使うことができます。つまり、コンピュータを使って何かしようという時に必要となる物理的な時間や手間の量が減ることによって、コンピュータを使うことに対する精神的な距離も同時に下がっていきます。

このことは、僕たちがコンピュータを使ってどのように情報を獲得し、発信するかということにも重要な影響を与えます。インターネットに常時接続しているスマートフォンをパッと見て、サッとしまうことが可能になったことで、僕たちが情報を発信したり受け取ったりする仕方も大きく変わってきているということです。このことについて詳しく考えていきましょう。

## 情報の摂取

コンピュータが小型化して、身体の一部と化してきたことは物理的な空間の問題ですが、もう一つ見落としてはいけないこととして、現代のコンピュータがインターネットととても高速に、かつ常時接続できるようになったという点です。九〇年代以降に生まれた人には想像しにくいと思いますが、インターネットが家庭に普及する以前の八〇年代には、PCはスタンドアローン、つまりインターネットのような地球規模の情報ネットワークにはつながっていない状態が一般的でした。

その後九〇年代に入り、徐々にインターネットが一般にも普及していきましたが、当初は情報量の少ない文字だけのメールを送ることが大半であり、ネット上でサイトを見るにもページの画像が表示されるまでに時に数分かかるほど、情報の転送速度は遅かったのです。受信する速度が遅ければ、一人あたりが閲覧する情報だけではなく、発信する情報の量も少なくなります。

ひるがえって二〇一五年現在の環境を見てみると、大量の文章、画像、そして動画などが掲載されたウェブページを手元のスマートフォンでサクサク閲覧できます。また、ツイッターやフェイスブックのようなソーシャルメディアでも、個々人が自分で撮影した写真や動画などを大量に投稿しています。この変化はひとえにインターネットへの接続技術とインフラの向上、そして小型化したにもかかわらず情報処理性能が右肩上がりで伸び続けたコンピュータの発展によって起こっています。

コンピュータがますます身近な存在となったことで、僕たちはより大量の情報を受け取り、送信するようになりました。これは量的な変化ですが、それはどのような質的な変化をもたらしているのでしょうか。

ここで「情報を受け取る」とか「情報を送信する」という表現が本当に適切なのかを考える必要が生まれます。サイバネティクスでは、情報をある人から別の人へキャッチボールのように投げて渡せるものとしては考えません。当然、コンピュータ上で数値として計量化できるデータのような機械的な情報は、ある端末から別の端末の間で送受信できるものであり、定量化できるものですが、人間同士のコミュニケーションを考える際にはこのような単純なモデルは成立しないと考えます。わかりやすい例で言うと、この本を読んでいる読者が二人いるとしたら、それぞれの読者は受け止め方や感じ方、理解のしやすさといった点が大きく異なるでしょうし、この本に書かれてあることの意味や内容を他者に伝える方法も違ってくるでしょう。

アンケートなどの調査方法で「わかりやすかった」「わかりにくかった」といった分類を行って集計することなどは可能ですが、厳密に個々人の「わかったこと」や「思ったこと」を計量化することは現代の情報技術では不可能です[9]。

つまり、スマートフォンのようなコンピュータの画面で閲覧する情報は社会情報として表現されたものであり、その受け止め方、解釈の仕方は千差万別であるということです。この考え方に基づくと、世間で一般的に使われている情報にまつわる表現は不正確なものが多いことがわかります。最も重要な問題を孕むものとしては、「情報を消費する」という表現でしょう。

なぜなら、消費というのは「消えるまで費やす」という意味ですが、それは情報が一方からもう片方へ伝達されるという考えに暗に基づいているからです。僕たちの脳と身体はある情報を見たり聞いたりする時には常に別の情報を生み出していますが、「消費」という言葉には、本来人間が無意識に行っている豊穣な営為を矮小化する力が働いています。

それでは社会情報を受け取り、その意味内容を解釈するという情報と人間との関係を表すためのより適切な表現はないでしょうか。食べ物を体内に取り込むことを摂取と呼びますが、この過程は情報と人間の関係を表現するうえでかなり適切な比喩になると僕は考えています。

食べ物を口に入れて味を噛み締め、咀嚼し、体内で栄養素に変換して、不要な要素を排泄する。同様に、さまざまな形式で表現された社会情報を受け取り、その意味内容を解釈し、自分の思考の糧としたり、不要なものを忘れるというプロセスを「情報の摂取」と呼んでみましょう。

この「情報の摂取」という観点を設定することによって、現代の情報社会で僕たちが受け取る情報の量や形式だけではなく、その個々人の受け止め方というプロセスも含めて、情報の「質」について議論することが可能になります。当然、受け止める人によって異なるという視点に立つと、客観的に「善い」「悪い」を判断することはさらに難しくなるように思えますし、まだ解決されていない課題ですが、この難題を引き受けることにサイバネティクスの面白さがあるのです。

それではスマートフォンなどの現代的な情報端末を介して、僕たちの情報の摂取の仕方はどのように変わっているのでしょうか。この設問はそれ自体が一冊の本を書くに値するものですが、ここでは問題を簡潔にするために、「文字入力」という側面からスマートフォンとPCを比較してみましょう。

ＰＣのキーボードに慣れている人であれば、文章を書くスピードはどれだけスマートフォンに慣れているとしてもＰＣのほうが速いでしょう。そもそもＰＣのキーボードは両手を使うことを前提としているものであり、ＰＣの画面のほうが大きいので、より長い文章を書くことが容易です。たとえば何かインターネットで調べものをしようと思う時に、グーグル検索にキーワードを投げて検索結果を探索するわけですが、ＰＣであれば複数のキーワードをよりすばやく入力できます。

しかし、スマートフォンの狭い画面と小さいキーボードを使う場合はおのずと短い単語を打つことになります。これは人間の惰性などではなく、与えられた環境の違いによって行動様式が変わってくるということです。特定の環境が与える行動の自由度の議論は、生態心理学の領域ではアフォーダンスという概念で呼ばれています。

たとえばスマートフォンのアプリの画面デザインやレイアウト（ボタンの大きさや形や反応の仕方など）に応じて、アプリを使う人が「何ができるのか」と思えることが変わってくる議論においても、アフォーダンスの概念が使われることが多々あります。ＰＣとスマートフォンでは情報入力という目的に関するアフォーダンスが大きく異なる、という言い方ができます。

さらに、検索システムに渡す検索キーワードの多様性が異なると、返ってくる検索結果にも変化が起こります。ＰＣであれば、もし検索結果に満足できなければ素早く別のキーワードを試してみることができますが、スマートフォンを使う場合は文字入力の敷居が高いことも手伝って、なるべく最初の検索結果の中から最適なものを選ぼうとするでしょう。グーグル検索では、最初に文字を入力し始めると最も多く検索されているキーワードの組み合わせを複数提示するという機能がありますが、これはスマートフォンを使う時により最大公約数的に「正しい」確率の高い検索を可能にするものだと言えます。

この両者の比較を簡潔に言い表すとすれば、ＰＣではより深く、多様な探索が可能であることに対して、スマートフォンでは最短の手間で最適な結果が返ってくることが優先されていると言えるでしょう。この差異によって浮き彫りになるのは、僕たちの情報の摂取の仕方がますます瞬時的かつ簡素なものになってきているという傾向です。繰り返しになりますが、スマートフォンのような身体と密接している情報端末はサッと開いてパッと見て閉じる、という行為を誘発します。

もちろん、スマートフォン上でもじっくりと時間をかけて情報を検索したり、文章を書いたりすることは十分可能ですが、利用者の総体のなかではそのような使い方が稀になる設計なのだと言えます。

事実、スマートフォン上では大量の情報が咀嚼する必要もなく飲み込めるように作られ、流れています。フェイスブックやツイッターといったソーシャルメディア上では、数分で世の中がわかるようにニュースの断片がまとめられていたり、感動や笑い、悲しみや怒りといった極端な感情を煽る記事や映像が拡散されており、そして個々人の情報の閲覧の履歴をもとに、その時々で最も興味を引くように機械的に選別された広告が表示されています。

この状況における重要な問題は、受け取った情報を解釈して別の形に表現するというバランスが崩れがちになるということです。その設計や利用形態からして長文を書くことに向いていないスマートフォン上では、熟考を重ねながら根気づよく表現を構築するというような行為を十分に支援するような仕組みがまだ足りません。

現代のPCとスマートフォンの最大の違いを示す象徴的な例を一つ挙げるとすれば、スマートフォンで閲覧できるウェブページをPCで制作することはできますが、その逆、つまりPCで見るようなウェブページをスマートフォンで制作することはまだまだ難しいのです。

## 情報の表現

基本的には情報技術が身近になることには素晴らしい可能性があります。誰ともコミュニケーションを取らずにテレビを眺めているだけよりも、いくら断片的とはいえ思ったことや感じたことを自由に表現して他者と共有できるソーシャルメディアのほうが、ずっと健全な情報のバランスをもたらす可能性があるといえます。

サイバネティクスの考え方を応用すると、情報の摂取という行為そのものの中にすでに情報発信、つまり表現の萌芽を見て取ることができます。繰り返しますが、人間はどこからか投げられてきたボールを受け取るように、ただ情報を受けて飲み込む存在ではありません。

それがどれほど些細なものであっても、情報を見たり、読んだり、触れたり感じたりする時、僕たちはその認知の過程で意味を自ら生み出しています。たとえば道ばたに咲く野花を見て「ああ、きれいだな」と思う時、その想いはすでに表現の萌芽として僕たちの身体が産み出している意味なのです。

僕はサイバネティクスの議論の中で、「摂取」という情報の咀嚼に対して、自らの内部で生まれた意味を他者つまり自己の外部に向けて発信する行為を「表現」と呼んでいます。英語では表現することを expression エクスプレッションと書きますが、これはまさに「外に向けて（ex エクス）絞り出す（pressare プレサーレ）」というラテン語に由来しています。対して、摂取の英訳を impression インプレッションと表しています。impression インプレッションとは一般的には「印象」という意味で使われますが、「内に向けて絞る」（inpressare イン・プレサーレ）というその語源的な意味合いはまさに摂取という概念と通底するものです。

コンピュータが常に身体に寄り添うことで、僕たちは日々のささいな機微や感情の移ろいまでも瞬時に世界に向けて表現することが可能になりました。僕たちの普段の情報表現の道具がスマートフォンやその他のスマートデバイスになることで、瞬発的な表現の能力を高めているとしても、じっくりと時間をかけた表現をする能力をおろそかにしているかもしれないという懸念があると思います。

僕もその懸念を共有していますが、それでもスマートフォンを使った表現は今後、ある程度複雑なことまでを扱えるようになるのではないかとも推測しています。たとえば、プログラミングのようなこれまではＰＣを使わないと効率が悪かったような制作方式も、スマートフォンやタブレット、もしくはその他の物理的なデバイスなどで学習したりできるようになると思います。

さらにはＰＣでは作られなかったような新しい形式の表現がどんどん生まれてくると期待していますし、プログラミングという行為もますます高級化、つまり簡単に行えるようになってきています。よりよい情報の入力方式の代替案がまだまだ考えたり提示したりできるという意味で、情報の表現についてはまだ多くのポジティブな可能性が考えられると思います。

しかし、情報の摂取については、僕はより問題が根深いと考えています。僕たちの身体に密着する情報端末とインターネット上で作動する情報システムが「賢く」なればなるほど、僕たちが日々見聞きする情報もますます簡潔になっていき、結果的に僕たちが自ら情報を「絞って」意味を造り出すプロセスが弱まってしまうというジレンマがあります。

比喩的なイメージですが、注文してすぐに出てきてあまり噛まないでもすぐに飲み込める刺激の強いファストフードのような情報ばかり流れる社会では、雑多で不要な情報の成分（意味）が溜まり込んで、情報的な肥満現象が起きやすくなります。過度に大量の情報に常にさらされ続けると、僕たちに本来的に備わっている能動性への気づきを弱めてしまうのではないでしょうか。

## 表現と摂取の連鎖としてのコミュニケーション

単純化する情報の氾濫という状況に対して、情報の摂取という行為の中に表現の萌芽があるという気づきが重要になります。このことについてもう少し詳しく見るために、ここで情報の表現と摂取についてまとめてみましょう。

| 表現と摂取 | |
| --- | --- |
| 表現<br>自分の内部で生まれた価値を外部に表出する行為およびその結果 | 摂取<br>他者によって表現された価値を自分の内部に取り込む行為およびその結果 |

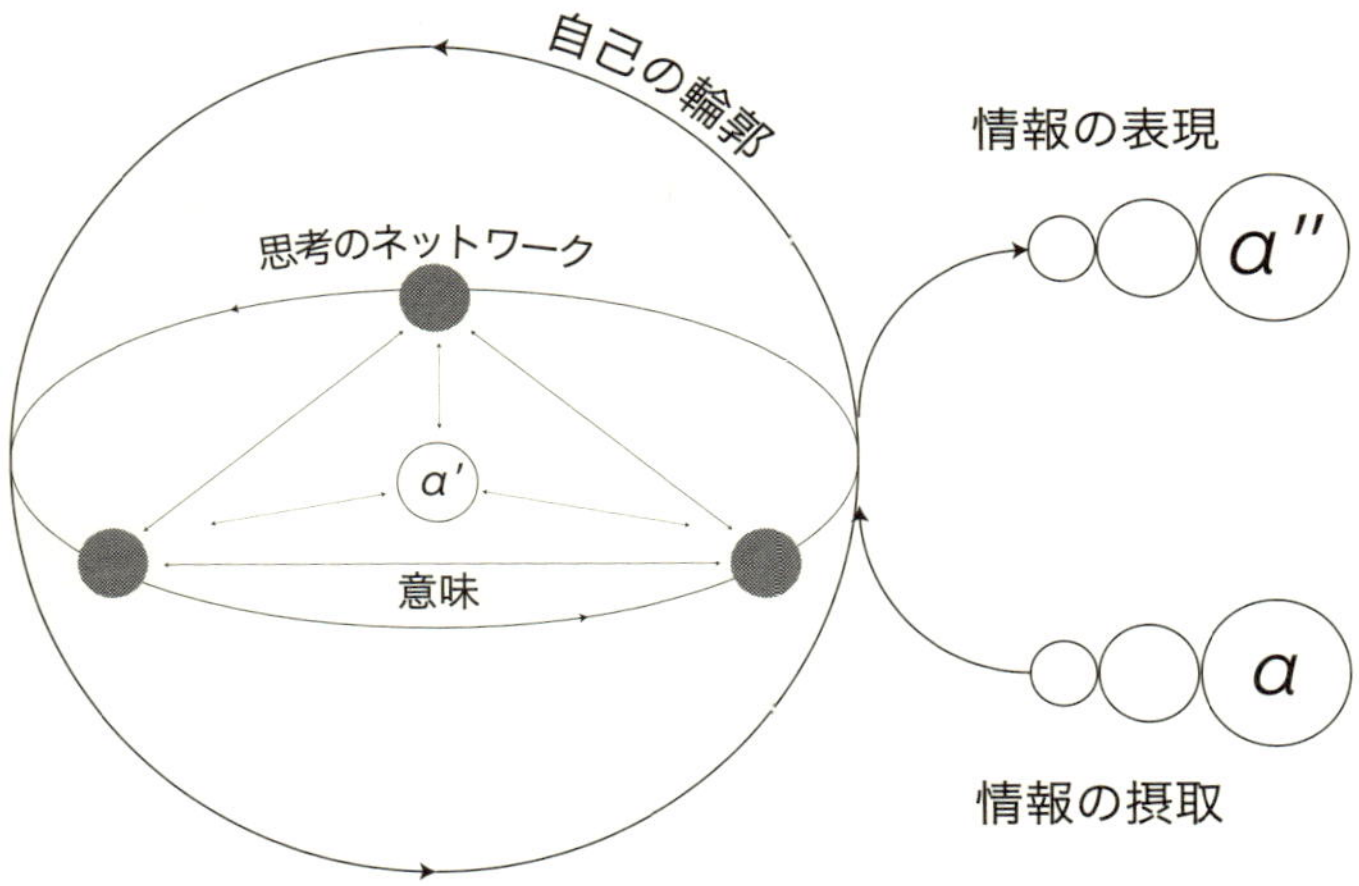


情報の摂取と表現イメージの略図

自己という観点から見た時には、この二つのプロセスは右の図のようにイメージしています。
「自己の輪郭」と書いている球は「心」と言い換えても構いませんが、意識と無意識、脳と身体というものが複合的に「自分」という存在に形を与えている様子を表しています。二つの矢印が循環しているのは、この輪郭は固定的なものではなく動的に作動することによって形を生んでいるからです。この内部にある「思考のネットワーク」というものは、主に意識の働きのなかで、外部から摂取した（しぼりとった）$\alpha$という情報を記憶のなかにある他の情報や価値観などのルールと照合しながら処理して、自分なりの意味$\alpha'$を抽出する働きです。

ここでいう意味とは、価値と呼んでも構いません。サイバネティクスでは他の動物と比較して発達した神経ネットワークシステムによる「観察」の能力を人間に特権的な機能として考えますが、僕はここに言語的な思考と同時に、非言語的な感覚的な意味の抽出も含まれると考えています。意味や価値と言っても大げさなものだけではなく、他愛のない親愛や拒絶のサインといったものも含まれるでしょう。ここで生まれた意味$\alpha'$は、$\alpha''$という情報として外部に向けて表現され（しぼりだされ）ます。

重要なことは、この表現された情報は再び自己ネットワークに観察される対象となり、

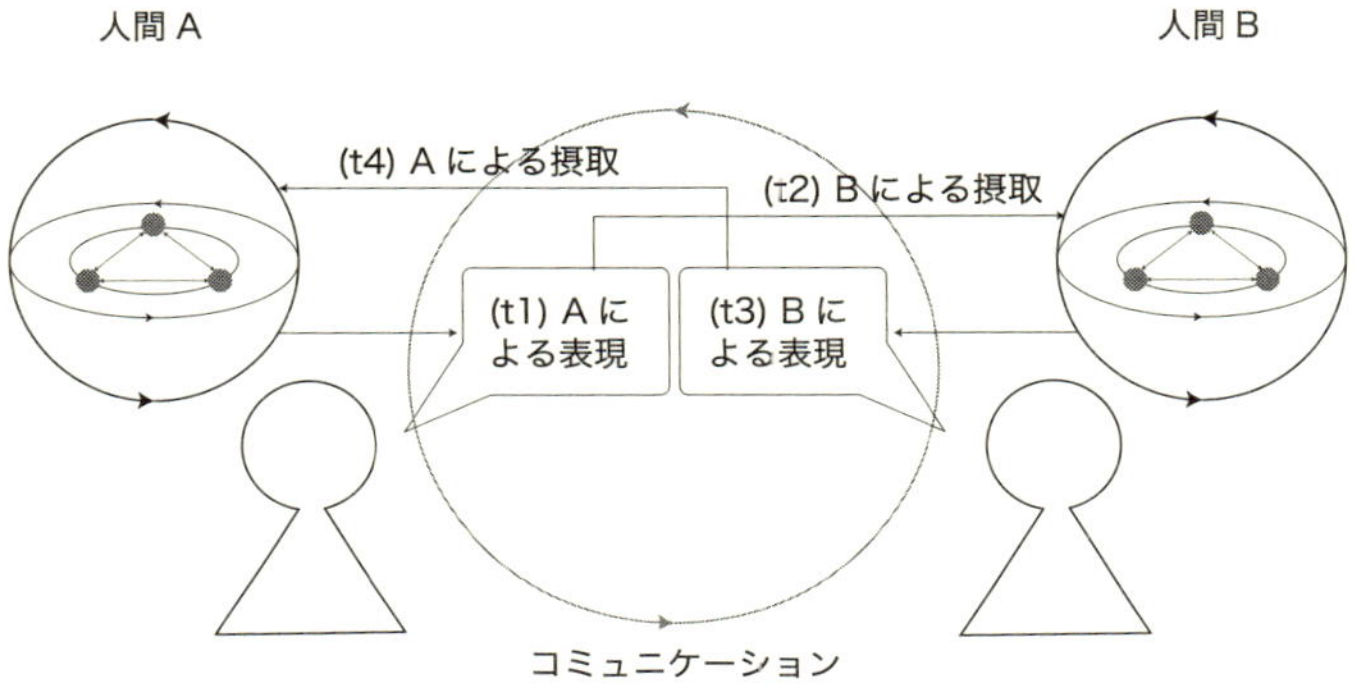


人間の対話のシステム論的な略図

セルフ・フィードバックが生まれるということです。わかりやすい例でいうと、人に何かを教えると、自分自身の理解が深まるという経験を多くの人がしたことがあると思います。表現を行うことで自分が何を考えているのかを理解するということは、自分の価値観や世界の捉え方、つまり自己の輪郭を形作る力を生み出すプロセスなのだといえます。

このモデルを二人の人間が会話している様子に当てはめたのが上の図です。

それぞれの人間から情報が表現され、摂取される時間的な流れをt1、t2、t3、t4と表記しています。中央の円はコミュニケーションという名前で、会話が続く限り作動するシステムを指しています。お互いの表現と摂取が噛み合わなければコミュニケーションはすぐに終焉するでしょうし、逆にお互いの表現がそれぞれの摂取のプロセスの中で新しい意味や価値を生み出していけば、コミュニケーションは延々と作動し続けるでしょう。

ここでもコミュニケーションは会話に参加する二人にとって観察対象となり、それぞれにフィードバックを与えることで、コミュニケーションそのものを左右します。「会話が盛り上がっている」という観察はさらにコミュニケーションを活性化させ、逆に「会話が弾んでいない」という観察はコミュニケーションをしぼませるでしょう。

サイバネティクスでは、このように「二人だけの会話」という非常に狭い範囲においてもコミュニケーションを介して二人の人間が接続している状態を「社会システム」と呼びます。つまり、二人だけの会話のような場合でも、すでに現実のイメージの形成が行われているのです。それではこのコミュニケーションが情報技術によって媒介されるということはどういうことかということを、図解してみましょう（次頁の図）。

この図では、コミュニケーションを行う人間同士の間に、デバイスとインターネットという情報技術に属するプロセスが介在しています。「ツール」とはコンピュータやスマートフォンといった情報の入出力を行うための機器とソフトウェア全般を指し、「ネットワーク」はそうした機器とソフトウェアを使って送受信される情報を伝播したり、記録したり解析するといった操作を行う技術全般を指しています。

ここで重要なのは、人間による情報の表現と摂取は、どのツールやネットワークを選択

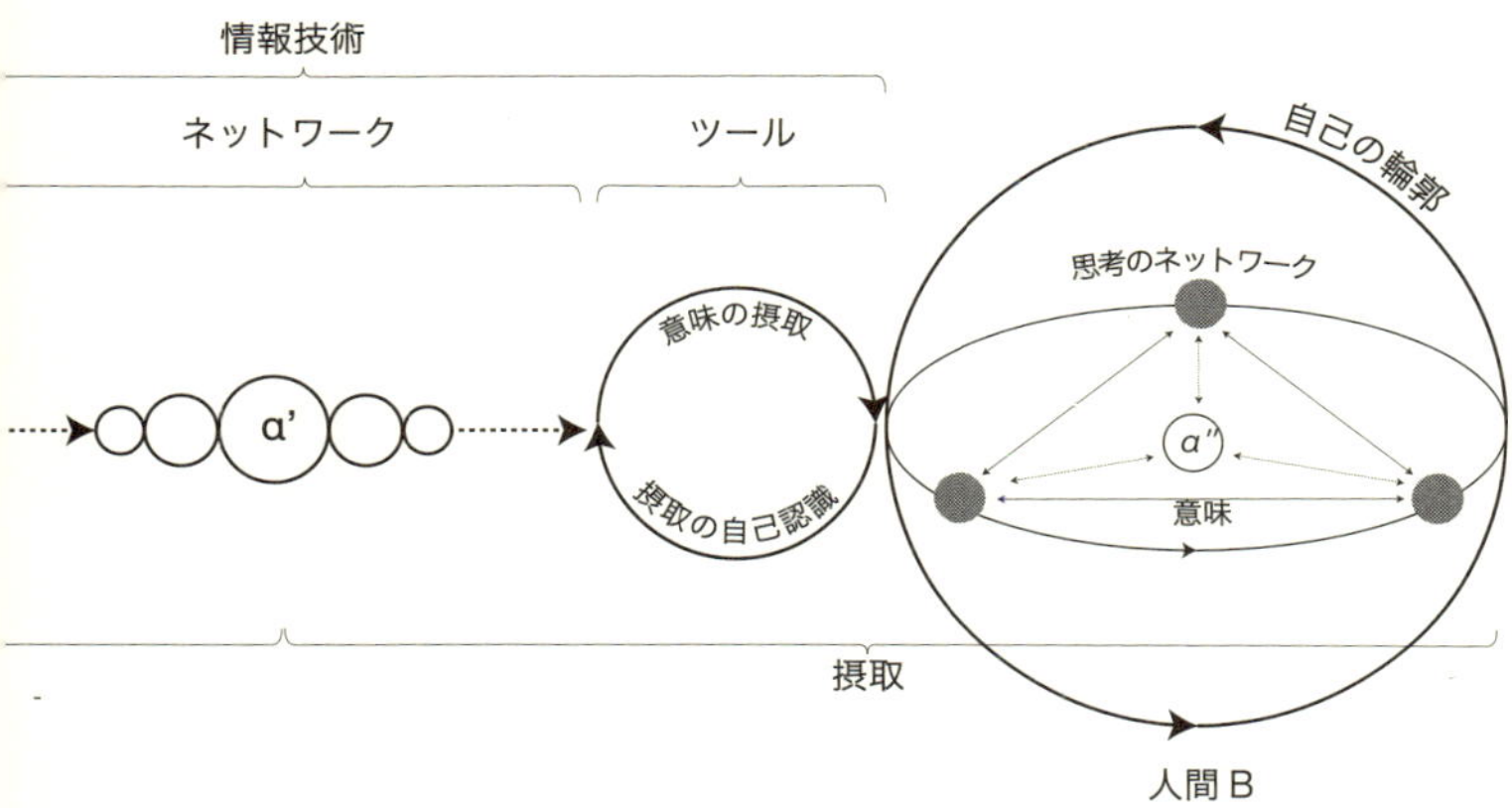


情報技術を介したコミュニケーションにおける表現と摂取のプロセス

するのかということにも重要な影響を受けるということです。使うツールによって、手元の画面で表現・摂取される情報も変容し、それはまた自分自身の表現・摂取行為にも影響を与えます。ネットワークの層では、たとえば発信した情報が何人の目に触れるのか、またそれは匿名なのか個人が特定可能な形なのか、といった個々のサービスの構造から、特定の検索エンジンによってどのように評価され、どれぐらいの期間記録されるのかということだったり、さらに厳密に考えれば通信が暗号化されているのか、個人を特定する二次情報は扱われているのかといった細かい点も含まれます。

　こうしたことはどのようなツールを使って、そしてどのようなネットワークの上で表現を

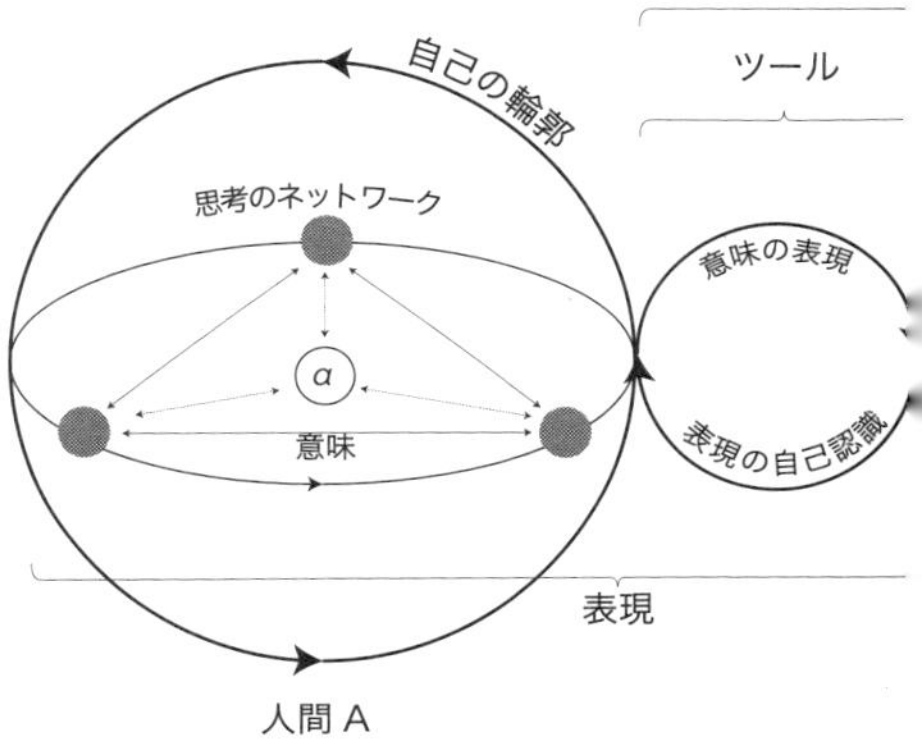


行うのかという選択もまた表現の一部として捉えるべきということを意味しています。同様に情報を摂取する際にも、情報を表現している人間およびツールの特性への理解だけではなく、その情報がどのようなネットワークをたどってきていて、それをどのようなツールで受け取るのかということも摂取という能動的な行為の一部分を形成していると言えるでしょう。

## 現実像とメディア

それでは通常僕たちが社会と言う時の規模、つまり数千万人がコミュニケーションを交わしている場合においてはどのような情報の表現と摂取が行われるのでしょうか。このことを考えるために「メディア」という言葉を解きほぐしてみましょう。

「メディア」と言う時、一般的には「マスメディア」「テレビメディア」「インターネットメディア」のように、新聞、ニュース報道や公共放送などがイメージされると思います。

しかし、より深く言葉の意味を掘り下げてみると、メディア（media）とはラテン語のメディウム（medium）の複数形であることに気付きます。

メディウムとは「媒介」や「媒質」を意味する言葉です。芸術の領域ではメディウムとは作品を構成する支持体（絵画でいえばキャンバス地など、フランス語では support シュポールとも）や素材（絵画でいえば絵具）、より広義には道具（絵画でいえば筆の種類など）も指します。つまり、作者の思い描いている作品のイメージを物理的な形に「乗せ」て、具体的な表現に落とし込むための存在がメディウムです。ここから、より広義に、情報を社会全体に媒介し、伝播させる大きな仕組みのことを「メディア」と呼ぶようになりました。

さて、情報とは複数のメディウム（メディア）を介して伝播するもの、というイメージに即して考えると、メディアの形式に応じて表現は異なってくる、ということがよくわかります。絵画の場合では、紙の厚さ、表面の肌理やザラツキ、筆の太さや固さ、絵具の乾く速度などに応じて、結果的に描かれうる表現が変わります。同様に、ニュースを紙にレイアウトして印刷することと、ウェブページとして作成して公開することでは、報道の表現が変わってきます。

情報の表現が変わるということは、情報の摂取のされ方が変わるということを意味します。さらに、前の節で見てきたように、人それぞれに応じて、摂取の仕方も変わってきます。このことを突き詰めて考えていくと、乱暴な書き方になってしまいますが、客観的事実や客観的な世界というものは厳密には存在しないという結論に至ります。

これはどういうことかというと、ある人間と別の人間、たとえば僕（筆者）とあなた（読者）の間では、完全な同意や理解は厳密には不可能であるということです。なぜなら、たとえ表面的には同じ言葉を使っていたり、同意しているように見えたとしても、細かいレベルで見た時には僕の理解の仕方と感じ方とあなたのそれは、絶対的に異なるからです。

昨今の脳科学ブームによって有名になった概念として「クオリア」というものがあります。よく使われる例として、いま目の前に赤い花があったとして、僕とあなたとではその花の「赤さ」の感じ方が違うでしょう。

大まかに順を追って見ていくと、視力の違いの他にも青・赤・緑の見え方を左右する目の中の錐体細胞の数や感度に個体差があるというような物理身体的な差異があります。さらに、育った環境や文化の中での赤色の使われ方の違いといった社会環境の違い、または人によっては赤色もしくは「赤」というイメージにまつわるポジティブ（たとえばバレンタインやクリスマス、暖かい暖炉の火など）であったりネガティブ（血の色、赤信号など）であったりする記憶といった認知的な違いなど、個別には確認することや認識することさえ難しい細かなものから、社会や文化などの大局的な差異が大量に存在しています。

すると、いま目の前に存在している「世界」ならびに「自分」という感覚やイメージは、自分の身体とこれまで蓄積してきた経験によって作られているということに気付きます。世界は主観的に構成されるとする学問の大きな流れを構成主義と呼び、二〇世紀では教育心理学、認知心理学から人工知能や複雑系といった領域にも大きな影響を及ぼしてきました。客観的世界というものは存在せず、主観世界の交流のみが存在するという考え方は、現代のサイバネティクスの基礎部分を形成するものでもあります。

メディアとは情報を媒介し、それを受け取る人間の表現を左右する要因です。その意味では僕たちの身体というさまざまな受容器官を備えている物理的存在が、最も根本的なメディアとして、僕たちの周りにある世界と僕たちの内部で立ち上がっている主観的な世界を媒介しているのだと言えます。[11]

ここで重要な点は、主観世界は自らの身体や意識の特性によって立ち上がっているものだとしても、それは外部や他者の影響を受けられるということです。極端な例としては心理的に他者によって制御されてしまう「洗脳」のような状態が挙げられますが、日常的にも僕たちはさまざまな影響を他者や社会、周りの環境から受け取っています。同一の事象に対して同じような感覚を得ていると感じる「共感」、もしくはその反対である「反感」のような場合も、その「感じ方」そのものを(正や負の方向へと)強化するという意味で、一種の相互的な影響として考えられます。

そして身体が最も根本的なメディアだとしたら、最も上位に位置するメディアとは「僕たちの社会は今どのようになっているか」という社会で共有されるイメージを作り出すマスメディアです。サイバネティクスの流れでは、「マスメディアは社会の現実像を形成する」という表現を行いますが、それは報道機関がどのように情報を受け取り、編集して、社会の構成員である僕たちに伝えるかということによって、僕たちの「現実とはこういうものだ」という認識が大きく左右されることを意味しています。[12]

繰り返しますが、情報は媒介はされるけれども、伝達はされません。擬似的に伝達されているように見えていても、それは情報を受け取る人間というメディアによってその情報の持つ意味が少なからず変容されるからです。そして報道機関というメディアによっても、事実の伝えられ方は変わります。このことには、どの情報が伝えられて、どの情報が伝えられないかという取捨選択も含まれます。

ネガティブな事例で言えば、いわゆる独裁国家においては、時の政権の維持にとって不都合な事実は報道されません。そうするとその報道されなかったという事実を知らない多くの国民にとっては、そのような事実が含まれない現実のイメージ、つまり現実像が作られます。ポジティブな事例でいうと、そうした不正そのものを暴き、多くの人に周知するという本質的なジャーナリズムが実行され、社会的に認知される時、多くの人々の現実像が更新されるわけです。

周知の通り、二〇世紀は新聞とテレビというマスメディアが社会的な現実像の形成を担う装置としての役割を、良くも悪くも果たしてきました。そして、PCやスマートフォンの画面を介したニュース記事が僕たちの主な情報源となりつつある二一世紀の今日において、旧来のマスメディアの独占を切り崩しながら、僕たちの現実像の形成をますます左右するようになったのがインターネット上に展開する無数のソーシャルメディアやニュースサービスだと言えます。

この両者の最大の違いは、情報の編集の主な担い手が人間であるか、コンピュータであるかという点です。従来のテレビや新聞のようなマスメディアは、生身の人間である記者を束ねる編集部が自社で掲載する報道記事の取捨選択を行いますが、昨今のスマートフォン用のニュースアプリの主流の機能としてはアルゴリズム、つまりコンピュータの論理によって自動的に表示される記事やその並びが決定されます。

当然、スマートフォン以前のPC主流の時代から、インターネットに流れる情報の流れは機械的に処理される手法に依拠してきました。とはいえ、それはコンピュータが自分で考えて勝手に流れを決めているわけではなく、総じて「人間の発信した情報の総体をコンピュータが整理する」というロジックに因っています。食べログや価格.comのレビューやYahoo!知恵袋のような人力による回答のランキング表示、アマゾンの「この商品を買った人はこんな商品も買っています」という関連商品リストを表示する機能、そしてグーグル検索における検索結果のランキング表示機能も、すべて人間の発信した情報の機械的処理に拠っています。

スマートフォンが主流の現在、PCよりも狭い画面の中でも快適に見られるようにコンパクトに情報をレイアウトして表示したり、さらに日々増加する膨大な情報量をより効率よくまとめる必要が生じます。文章の執筆や写真の撮影といった一次情報の制作はまだ人間が担っていますが、情報の編集はますます機械による処理が洗練化していっています。

そうすると、この世の中はどうなっているのか、という僕たちの現実像は、機械的論理、つまりアルゴリズムに影響される度合いを高めていると言えます。言い換えれば、僕たちの現実像がどのように作られているのかということを理解するためにはアルゴリズムを観察する必要があります。

## 3・3　コンピュータの摂理と人間

### アルゴリズムの生態系

二〇一四年五月に「車椅子の博士」のイメージで有名なホーキング博士と数人の科学者が共同で、「人類が今後直面する最大の危機は人工知能である」と主張する記事[13]を公開し、話題になりました。記事の主旨は、二〇世紀においては原子爆弾と原子力発電という文明を破壊する恐れのある物理的な技術が生み出されたが、二一世紀の情報社会においては人工知能、つまりコンピュータの論理としてのアルゴリズムが僕たち人間にどのような影響を与えるか専門家でさえ把握していない、というものでした。そんな不可思議なアルゴリズムとはどういうものでしょうか。詳しく見ていきましょう。

アルゴリズムとは、ある問題を解くための手順を記述したもの全般を指します。コンピュータが実行するプログラムはさまざまなアルゴリズムによって構成されており、非常に単純なものからとても複雑なものまで多岐にわたります。たとえば、僕たちがグーグル検索で何かキーワードを入力すると検索結果が表示される、という流れはグーグルの記述するアルゴリズムによって定義されています。

またスマートフォン画面のアプリのアイコンを触るとアプリケーションが起動する、という単純な流れも一つのアルゴリズムと見なせます。このように、僕たちがコンピュータ上で何か情報を探したり見たりする時、背後には必ず何らかのアルゴリズムが「動いて」います。

僕たちが普段、漫然とインターネットを利用している時には、いちいち「どういう仕組みで今目の前にある情報が表示されているのか」ということを意識しないでしょう。一利用者としてテクノロジーを使う時、僕たちは主にそれが便利に使えるかどうか、という点で評価を下します。しかし、僕たちの現実像を左右するアルゴリズムが全くのブラックボックスになってしまうことは、あたかも独裁国家の国有の報道機関の情報を鵜呑みにすることに等しいと言えるでしょう。

平たく言えば、アルゴリズムとは「〇〇があれば、〇〇せよ」という命令の組み合わせ、つまり条件分岐の集合です。基本的には、アルゴリズムは定義された通りに作動するだけであり、人間と同レベルで能動的にものごとを判断したり、仕事をサボったりするといった自由な行動基準は持ち合わせていません。

再びグーグル検索を例に見てみましょう。グーグル検索は大別すると、インターネット中のウェブサイトを探索して、その情報を収集するように命じられたアルゴリズムと、その収集した情報の重要度を格付けするアルゴリズム、そして利用者の入力したキーワードとその格付けされた情報を照合して検索結果に表示するアルゴリズムによって構成されています。

最初の探索アルゴリズムは、さまざまな固有名を持つインターネットのサイト（たとえばgoogle.comのように）を自動的に走査して、内容があれば記録する、という命令を実行しています。

あるサイトの重要度を決定するアルゴリズムは、そのサイトに対してどれだけの数の別のサイトがリンクを貼っているかを計算する命令を実行しています。

最後の結果を表示するアルゴリズムは、利用者が入力するキーワードを受け取って、最も合致するサイトを列挙するという命令を実行しています。

もちろん、それぞれのアルゴリズムは非常に複雑な数式や論理手順によって記述されており、グーグルはその概要について説明を行っていますが、プログラムのすべてを一般に公開してはいません。

同様に、フェイスブックにログインするときも、自分の友だちが投稿したものの中で最も「いいね！」とシェアの多い投稿をランキングし、さらに自分との興味関心のマッチング度合いの順に並べ直し、最後に時間順を降順にして表示する、という複雑な処理が瞬時に、アクセスするたびに行なわれているわけです。[14]

ここで紹介したのは有名な例ばかりですが、アルゴリズムとは世間一般で思われているよりも、もっと簡単で身近なものでもあります。たとえばプログラミング言語を覚えたての人が最初に書くプログラムの例として、プログラムを実行すると「こんにちは！」というフレーズを画面に表示する「Hello World」と呼ばれるものがありますが、これもいくら単純とはいえ「実行したら、プログラムに書いてある文字列を表示せよ」というアルゴリズムです。

プログラミング言語とは、外国語や方言のようなものです。たとえば日本語の方が英語よりもあいまいな表現が得意、というように、プログラミングでも特定の処理を行うならこちらの方が得意、という切り分けが存在します。用途に応じてさまざまなプログラミング言語が作られていますが、自然言語における英語や中国語のように、より人口が多くて人気の高い言語もあれば、とてもニッチでマニアックな言語も存在します。

アルゴリズムという言葉や概念は、世間一般では過度に難しいものとして受け取られているように思います。実際には、数学に長けている人でなくても良質なプログラムは書けますし、誰でも学習すれば熟達できるものです。

プログラミングを書いたことも見たこともない読者のために、とても簡単なプログラミング言語の記述例を以下に示してみます。

```
function getGreetingString(int hour)
{
    if (hour > 6 && hour <= 12) {
return "Good Morning!";
    } else if (hour > 12 && hour <= 16) {
return "Hello!";
    } else if (hour > 16 && hour <= 23) {
return "Good Evening!";
    } else if (hour > 0 && hour <= 7) {
return "Good Night!";
    }
}
```

これはスードコード（pseudo-code）といって、特定の言語ではなく、論理の流れを抽象的に書いたものです。この非常に短い関数のアルゴリズムは、渡された整数型の変数(hour)の値に応じて、返す結果の文字列（return "～"）が変わるという条件分岐のアルゴリズムになっています。たとえば時間を意味する変数hourが8という値だったとすれば、「6以上12未満」という条件分岐にマッチし、「Good morning!」というフレーズを返します。

上記の例で見えるように、hour =「時間」という変数やgetGreetingsString =「挨拶文を取得」という関数名のように、プログラミングにおける変数や関数の意味を定義するのは基本的に人間であり、逆にいえばプログラミングそのものはそれ以外の融通が全く効きません。

どれだけ複雑なアルゴリズムでもそれを書いた人たちが全体像を把握しています。しかし、この例のように単純なものであれば何の問題はありませんが、企業が提供するレベルのサービスやアプリのアルゴリズムは、すべてを一人の人間では把握しきれないほど複雑になっていきます。ソフトウェアの種類にもよりますが、数十人から時には数百人のプログラマーがチームとして協働して数万～数十万行のプログラムコードを書き上げていきます。

オープンソース基本ソフトウェア Linux の公開レポジトリ（GIThub）
すべてのコードが閲覧したりダウンロード可能（上）開発参加者たちの活動履歴（下）

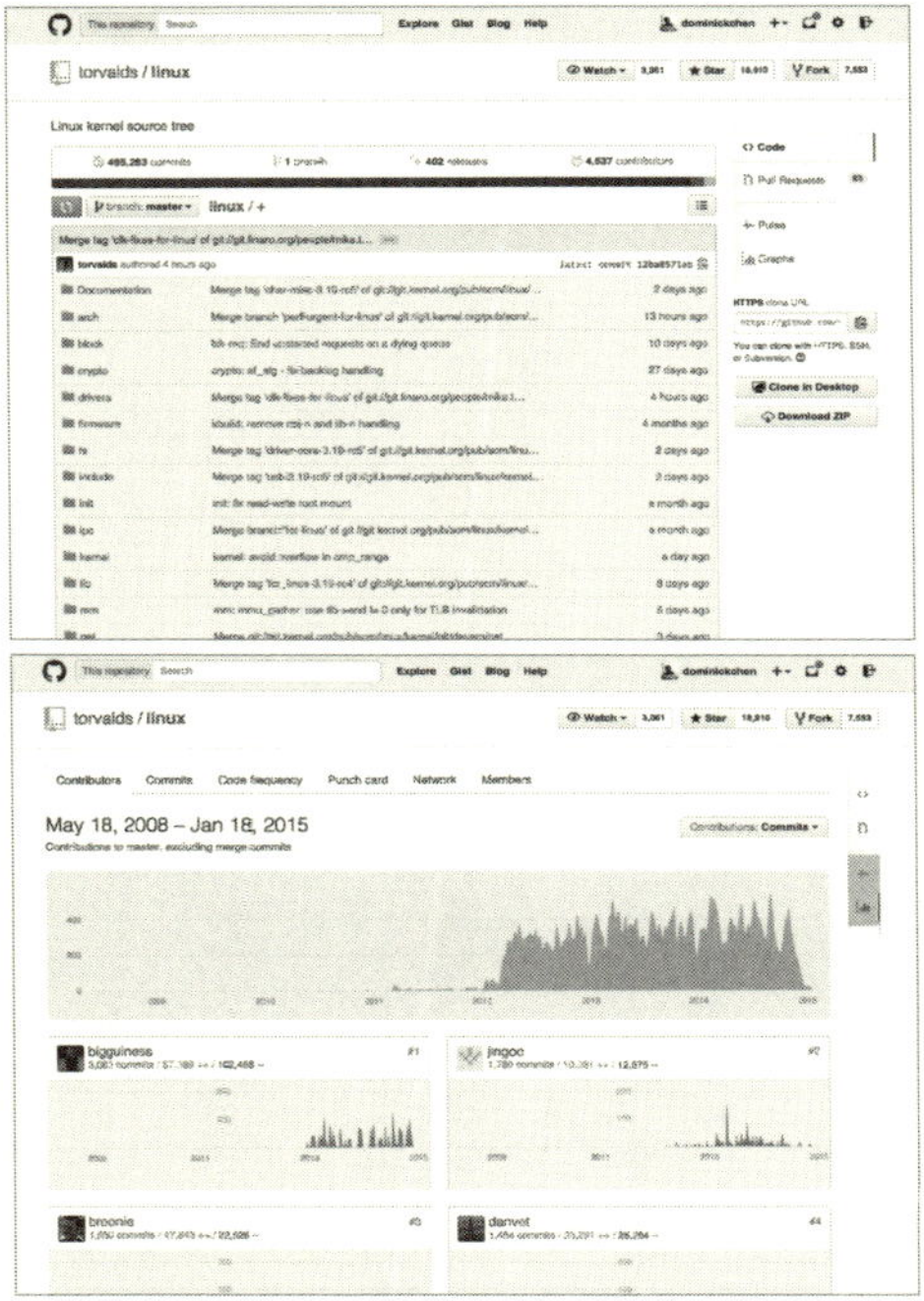


コンピュータはこうしたプログラムを人間が手動で計算するより遥かに速く計算することで、膨大な量の情報を処理したり蓄積したりすることができます。そして年々、その性能は飛躍的に向上してきています。そこで今日、浮き彫りになりつつある社会問題としては、コンピュータの動きが社会にどのような影響を与えるのかということを把握することが困難になってきているということです。言い換えれば、自然の摂理な

らぬコンピュータの摂理が人間の理解を超え始めているということです。そのことは僕たちの現実像の形成にも重大な影響を与えています。

## 金融市場におけるアルゴリズムの暴走

有名な例としては、アメリカの証券取引所における高頻度取引（High Frequency Trading）の問題があります。二〇一〇年五月六日の午後二時四五分頃に突如、ダウ・ジョーンズ工業平均株価が一〇〇〇ポイントも下落し、数分後には正常値に戻っていったという事件です。

ダウ・ジョーンズ工業平均株価の歴史上、リーマンショックに次ぐ一日の下落率の記録となりましたが、この不可解な動きを誘発したと疑われているのが、各証券会社が行っている高頻度取引アルゴリズムの存在でした。高頻度取引とは文字通り人間が判断し実行できるよりも高い頻度でアルゴリズムが株式の売買を自動的に行うというもので、競合企業よりも数千分の一秒でも速く株式売買の戦略を実行できるように、物理学や数学の専門家がウォールストリートの名だたる証券企業に雇用されて開発されています。

この事件で浮き彫りになった問題とは、こうしたアルゴリズムがあまりにも高速にかつ大量に株を動かしてしまい、かつ、複数の企業のアルゴリズムが競い合う結果どのようなパターンを引き起こし、実経済にどれほどの影響を与えるのかということをプログラムの作者である企業でさえも予測できないということでした。

この事例は今日の僕たちの情報技術との関係を考えるうえでとても象徴的です。現在、アメリカの証券取引の半数以上をこうした高頻度取引が占めていると言われますが、まさに天候や国際情勢などのマクロな自然、社会現象と並んで、アルゴリズムが僕たちの現実を予測不可能な形で左右する存在となっていることがわかります。

アメリカの議会ではこうした高頻度取引に対して法規制を敷こうという議論が生まれていますが、実効的な抑制をもたらすことができるかどうか、予測は難しいでしょう。

## アルゴリズムによる現実像の操作

もうひとつ注目が集まっている領域はプライバシーです。身近なところでいえば、僕たちがＰＣやスマートフォンでニュースやブログ記事を閲覧する際に掲出されている広告は、僕たちが普段どのような情報を閲覧しているのかという記録を参考にして表示されています。閲覧者の過去の行動をもとに広告を表示するターゲティング広告という手法は今日では一般的になっていますが、広告主にはより自分たちの商品に興味を持っている確率の高い利用者に広告を提示できること、利用者からしてみればより自分の趣味嗜好に近い広告が表示されること、というメリットがあります。

そしてインターネット広告の最も重要な価値としては、多くの人に読まれる良質な情報の作者に、広告収益を配分できるという点です。しかし昨今の報道でも取りざたされているように、そうした個々人の閲覧履歴や属性といった情報が氏名や住所などの個人情報などと結びついた形で、悪質な第三者の手に渡ってしまうリスクがあります。

さらに本書の問題意識からいえば、いま自分が見ている情報が、はたして自分が主体的に選んでいるものなのか、それともアルゴリズムによって推奨された結果として見ているにすぎないのかという境界線があいまいになってきているということが挙げられるでしょう。

つまり、僕たちが日々閲覧していて、自分の現実のイメージを形成している多種多様な情報のほとんどが広告配信を目的とするアルゴリズムによって決定されているとしたら？ たとえば、「最近子供が生まれたと思われる人」と分類されると、育児に関するニュース記事や商品広告が増えますが、そのぶん政治やスポーツに関する情報は知らない間に目にする機会が減っているかもしれません。

象徴的な事例を紹介しましょう。二〇一二年に、フェイスブックが無作為に選んだ約六八万人のユーザーを対象に、「ポジティブな情報」だけを流すグループと「ネガティブな情報」だけを流すグループに分けて、それぞれの反応を評価する実験を行っていたことが発覚しました。ネガティブな情報に分別された不運なユーザーたちは自らのあずかり知らないところでフェイスブックの社会実験の被験者にされて、一週間のあいだネガティブな記事（不幸なニュースや炎上の事例など）に曝されていたということです。この期間、彼らが現実に抱くイメージがどのように変化したかということについては別途検証が必要ですが、このことに反発したユーザーの集団がフェイスブックに対して訴訟を起こすまでに至りました。

この事例は、フェイスブックの社員が学術論文として発表したために発覚したものであり、氷山の一角に過ぎないでしょう。むしろ、インターネットで情報サービスを提供するあらゆる企業が潜在的に抱えるジレンマであると言っても過言ではありません。そのことを理解するには、フェイスブックがどうしてこのような実験を行うのかという理由を知る必要があります。この実験はもともとは、「フェイスブック上で他人のポジティブな投稿ばかり見ていると気が滅入って鬱っぽくなってしまう」という風評を打破するために企画されたものです。

フェイスブックのように日々数億人のユーザーが利用するサービスにとっての死活問題はユーザーの「再帰率」です。再帰率とは、どれほどの数の人が定期的にサービスを使ってくれているかということを表す指標です。その数値が上がれば上がるほど、フェイスブック上で広告を配信しようとする企業が増え、収益が上がるからです。すると、利用者に対して、どのようなデザインの画面を提示したり、どのような記事が画面上に表示されたりすれば再帰率が上がるのか、ということを考えるわけです。

この実験も、フェイスブックの再帰率を向上させるために行った検証の一つに過ぎませんが、問題はフェイスブック内の意思決定者たちが「なぜ問題なのか」ということを理解できていない（少なくとも担当者の応答からはそのように見える）ことです。実験の担当者は個人的に謝罪を表明しましたが、フェイスブックの広報はこの問題が発覚した際に、「すべてのユーザーはフェイスブックのデータポリシーに同意しているので、この実験はインフォームド・コンセントに則ったものであった」と主張しています。しかし、それは強引すぎる主張でしょう。

情報サービスの利用規約やプライバシーポリシーは、利用登録時に画面上に表示される「同意します」というボタンやチェックボックスをクリックすることで「合意が形成された」とみなすシュリンクラップ契約と呼ばれるものが主流ですが、それが本質的な同意を構成するかどうかは法的にもグレーな領域であり、実際に全文を読んで理解しているユーザーはほとんどいないだろうと思われます。

現実像という問題意識からいえば、個々人の現実像の形成に対して、意図的に、かつ了承を得ることなく、ネガティブな影響を与えたということがこの実験の重要な問題だと言えるでしょう。逆にいえば、「それは大して重要ではないだろう」と考えるフェイスブックという企業の倫理観が浮き彫りになった事例だといえます。

このとき、もしもフェイスブックが実験の趣旨をあらかじめ公開し、適正な手続きに則って被験者を募り、然るべき説明責任を果たしていれば、とても有意義な社会実験にできた可能性があると考えられます。そのことを怠った理由はおそらく「ユーザーに手の内を知られては、バイアスがかかってリアルな実験結果を得られない」ということだと思われます。

対照的に、情報の流れを恣意的に操作しないということに非常にセンシティブだったことで知られているのがツイッターです。共同創業者のビズ・ストーン氏はツイッターが特定の政府や利権と癒着することを徹底的に拒否し続け、ユーザーがどんな思想でも自由に表現できる場とすることをめざしました。しかし、同氏は現在ツイッターを退職しており、最近ツイッターも株式上場を果たしたので、今後の動向についてはわかりません。

いずれにせよ、「利用者が目にする情報があらかじめアルゴリズムによって決定されている」状況は、インターネットの黎明期に標榜されていた「情報への自由なアクセス」という理念とはほど遠い状況だと言えるでしょう。この問題の核心は、だからといって僕たちがそうしたアルゴリズムに依拠しているサービスやアプリの利用を止めれば良い、という結論には至らないという点です。

僕たちは一度便利で快適な、僕たち自身の労力を省いてくれる道具を体験してしまうと、なかなかそれを止めることができません。これは、いくらあるサービスに大きな欠陥があるとわかっていても、代替案を考えたり、別のサービスに乗り換えたりすることが簡単ではないという厄介な問題だともいえます。

そして、次に見るように、さらに悪い状況として、個別のサービスの問題以外に、インターネット全体においてあらゆる通信が国家的な諜報機関によって違法に監視されているということを知った時、僕たちはどのようにしてポジティブな情報社会のイメージを抱けばいいのでしょうか。

## 世界規模の監視ネットワーク

昨今の情報社会で起こった最大のスキャンダルは、アメリカの国家安全保障局（NSA, National Security Agency）による全地球規模の情報監視ネットワークの存在が暴露されたことです。元ＮＳＡ職員のエドワード・スノーデン氏によってリークされた資料によれば、ＮＳＡはインターネット網や携帯電話網のインフラのレベルで情報の傍受を行ってお

エドワード・スノーデン氏

By Freedom of the Press Foundation, Creative Commons Attribution 4.0 International License https://pressfreedomfoundation.org/about/board/edward-snowden

り、さらにはWi-Fi接続機器やプリンターといった民生品にも監視装置を取り付けて、イギリスやオーストラリアなどの同盟国と共に世界中の膨大なインターネット利用や携帯電話での通話を違法に監視、記録していることが詳細にわかりました。アメリカ政府が同盟国の首脳の携帯電話の通話を傍受したり、他国の経済産業省の内部資料にも不正アクセスを行っていたことなどから、この事件は外交問題にまで発展しています。

この資料によれば、フェイスブック、グーグル、ツイッターといった名だたるインターネットサービスも監視下に置かれており、僕たちが日々交わしているメールやメッセージなども記録されているようです。NSAおよびアメリカ政府の弁明としては、この監視はテロリストや犯罪者を追跡するためのものであり、一般市民のプライバシーを覗き見することが目的ではないということですが、それは問題の核心に触れている回答だとはいえません。

問題は、僕たちのインターネット上での言動が常にその時々の権力によって監視されていると意識させられることです。このこともまた、僕たちの現実像の形成に対して長期的に大きな影響を与えるでしょう。僕たちの多くにとっては、それは些細なことなのかもしれません。しかし、微小な無意識の積み重ねが、僕たちの行動に対して大きな影響を及ぼすことは容易に想像できます。監視されているということが無意識にまで常態化した時、僕たちの言動や思考は自分たちで気付きもしないレベルで制約を受けることになるでしょう。

それでは僕たちはNSAやフェイスブックの問題に対して、どのように行動できるのでしょうか。それは決して簡単なことではありませんが、僕は変化の兆候は存在すると考えています。

このNSA事件については、そもそも日本ではマスメディアによるしかるべき報道もほとんどされていませんが、そのことを差し引いたとしても、多くの人々は「ああ、ひどい話だねぇ」という諦めに似たコメントで終始してしまうでしょう。かくいう僕もこの事件について詳しく知った時には憤慨しましたが、何か具体的なアクションを取れているかというとそうではありません。ネット上の関連文献を読み漁ってからも、僕の脳裏に今もよぎる想いはこうです。「自分が為政者や事業者の立場ならどうするだろう」、と。

この考えは、為政者や巨大企業の都合を慮って遠慮する、ということではありません。それは為政者に成り代わって、自分であればどうするのが良いかというシミュレーションをすることです。スノーデンの暴露を記者生命をかけて手伝ったグレン・グリーンウォルドの緻密な取材を通して浮き彫りになったのは、外国情報活動監視裁判所（FISA Court）という諜報機関の権限を規制する機関が実質的に骨抜きになって、NSAの盗聴活動のほとんどに歯止めがかからない、いわば超法規的な状態が市民に知らされず秘密裏に進行しているという事態でした。

しかし、このような諜報プログラムを始めるにあたって、端的にいって民主的な社会合意のプロセスを経ることは、それがどれほど困難であろうと、不可能ではなかったのではないでしょうか。事前に、少なくとも自国民に対して、または（それがいかに形骸化していようと）唯一の超国家機関である国連加盟国に対して、対テロ戦争の努力の一貫としてこのような盗聴活動を計画していることを説明し、その技術的な内容も透明にすることは可能なのではないでしょうか？

もちろん、「透明な諜報活動」という提案自体が軍事や外交の専門家からすれば、素人の戯言として一蹴されてしまうことは想像に難くありません。おそらく「敵に手の内を見せてどうするのか」とあきれられるでしょう。しかし、そのような思考がすでに破綻していることがスノーデンの暴露によって示されたのではなかったのかと僕は思います。

先述したように、すでに「敵」の一部であるテロリスト組織は手の内を知っているどころか、フェイスブックやツイッターやYouTubeやAdobeの編集ソフトをフルに活用して、先進国の広告代理店顔負けのソーシャルリクルートキャンペーンを展開して各国から戦闘員を集めています。この皮肉な状況を打破するためには、新しいインターネットの統治のモデルを打ち立てることが必要なのではないでしょうか。

## 理念をスケールさせる

とはいえ、いきなり国家レベルの議論を展開するのは文字通り骨が折れる作業だとも思います。問題をブレイクダウンし、身近なところから何を始められるかを考えてみるほうがリアリティをもてます。スノーデンもそのことをおそらく考えているのでしょう、元アメリカ合衆国国務長官のコンドリーサ・ライスが取締役の一人であるクラウド・ストレージ（インターネット上にファイルを保管できるサービスのこと）大手企業のDropbox（ドロップボックス）を批判し、通信経路をしっかりと秘密暗号化しているSpiderOak（スパイダーオーク）という別のクラウド・ストレージに乗り換えるように提言しています。

僕は長年ドロップボックスの利用者ですが、実際にスノーデンのインタビューを読んですぐにスパイダーオークを自分のPCにインストールして試してみました。しかし、全体的な使い勝手が圧倒的にドロップボックスに劣っているため、日々の業務に使うには敷居が高すぎました。それは僕の志が低いせいだという批判は甘んじて受けますが、このような文章を書いている筆者ですらこのような始末なのですから、世界中の数十億の人間がスノーデンの提言を受け入れられるかということに対しては懐疑的にならざるを得ません。

僕たちはつまり、高尚な理念を社会実装するためには、同時に利便性や効率性といった「商品価値」を提供することが必要な時代に生きているのです。言い換えれば、理念はスケーラブル、つまり大規模に拡大できるようにデザインする必要があります。

それでは、いわゆる国家運営や企業経営の観点と、個々人の価値とは相反するのでしょうか。僕はそうだとは思いません。

現代の情報サービスの事業者のほとんどはサービスの改善のために、日々利用者の行動データを解析して、A/Bテストと呼ばれるテスト手法を行っているものと思われます。A/Bテストとは、ある新しい機能を提供する際に二つのパターンの間で迷いがある場合、AパターンとBパターンをそれぞれ違うユーザーの小集団に対して適用し、どちらのパターンのほうがユーザーによって高く評価されているかということを分析し、すぐれているほうのパターンを最終的にすべてのユーザーに対して適用するという手法です。

その多くは、異なるユーザーインタフェース（ボタンの大きさ、色味、レイアウトといった、ユーザーがサービスを操作するための要素。略してUIと表記することが一般的です）やサービス側からユーザーに語りかける文言などの使いやすさの検証であり、どちらのほうがより品質の高いサービスの実現に寄与できるのかということを真摯に追求する姿勢だといえます。

先に挙げたフェイスブックの実験が一線を超えてしまった理由の一つは、ユーザーの同意を得ずに、かつ秘密裏に、ポジティブ・ネガティブという心理的な影響のある情報操作を行い、不本意な被験者たちの心理的な内面、つまり現実像の形成にまで直接的に手を伸ばしているという点にあるといえます。

僕自身その実験の対象になっていないので推測するしかありませんが、その実験の期間中に自分の現実のイメージが相当な影響を受けたであろうことは想像に難くありません。同時に、それがどれほど些細なものであれ、たとえばボタンを数ピクセルずらすだけといった微小なユーザーインタフェース上の変更ですら、心理的な影響を及ぼすものであり、現実像に影響を与えるのではないか、という指摘も厳密には正しいものです。それではどのようなA/Bテストや行動ログの記録の仕方であれば許容できるのかということを問うてみると、第一にはそれは個別のユーザーによって異なる主観の問題であり、客観的な線引きが可能なものではないように思えます。

しかし、サービスがユーザーにとってより使いやすくなるためのテストと、露骨にユーザーの心理を直接的に操作しようとするテストの間には、それがいくら曖昧であろうと、明らかに倫理的な違いがあると僕は考えます。

## 監視から協働へ

僕個人の考えとしては、常にオプトアウト（途中で利用規約の同意を停止して情報の記録から脱退すること）の選択肢が示されていて、かつ適切な匿名化を施されていることや通信が暗号化されていることが担保されているのであれば、いくらでも個人的な行動ログを記録されても構わないと考えていますが、読者のあなたや、情報技術に詳しくない僕の友人の多くは、そう思わないかもしれません。

それは僕自身がＩＴ事業の運用者であり、ユーザーの行動ログの分析がサービスの改善にとって死活的な重要性をもっていることを知っていたり、ビッグデータ解析を伝染病の追跡や都市環境や治安の改善、職場での健康の向上などといった人道的な目的のために活用する数多くのプロジェクトを知っている[15]という点にも大きく依存していますが、それ以上に多くのすぐれたサービスの設計者たちを一利用者として尊敬し、信頼してきた時間が長いからだとも思います。

同様に、それが犯罪やテロリズムの抑止につながることが実証でき、オプトアウト可能で、匿名化を施され、通信が暗号化されることも保証され、運営者の過失が罰せられ、その執行にも有効な法的規制がかかるのであれば、(超)国家的な監視ネットワークに協力することもやぶさかではないと考えています。しかし、そのような民主的な監視システムの構築にはまだ多くの困難が立ちはだかるでしょうし、相当の時間がかかるだろうとも思います。

簡潔にいうと、NSAにも巨大IT企業の一部にも共通しているのは「やられる前にやる」(国家の場合であればテロリストに、事業者の場合であれば競合他社もしくはサービス離脱しようとするユーザーに)という必要悪の思考だろうかと思います。そこにユーザーと信頼関係を築くという概念はすっぽり抜け落ちているように思えてなりません。彼らが一般市民やサービス利用者を裏切る行動を起こすたびに、よりよいインターネットの構築に誠実に勤しむその他の事業者や研究者たちの評判をもおとしめることになるのです。

## 人間性への揺り戻し

しかし、こうした情報技術に対する懸念が高まっている一方で、人間性への揺り戻しとでも呼べるような傾向が昨今のインターネット産業の中で多数見られます。

たとえば近年、利用者が大勢の前ではなく少数の親しい人とだけ安心してコミュニケーションを行える、閉じられた空間を提供するサービスが増加しています。いわゆるメッセンジャーアプリがそれにあたりますが、日本ではLINE、韓国ではKakao Talk、中国ではWeChat、フィリピンではViber、アメリカと南米ではWhatsAppといったように、地域ごとに支配的なサービスが異なります。

フェイスブックやツイッターといったソーシャルネットワークサービスでは不特定多数の人たちとの交流が前提[16]となりますが、クローズドなメッセンジャーアプリは基本的には親しい人とのみつながる設計となっています。オープンなコミュニケーションは襟を正して大勢の前で発言する場所として発展してきましたが、閉じられた場でリラックスして友人や家族と会話をするサービスが人気を得ていることは現在の大きな潮流の一つとなっています。

さらに、匿名でオープンな場でコミュニケーションを行うサービスも注目を集めています。アメリカ発の有名なものとしては、「Secret」（シークレット）「Whisper」（ウィスパー）「YikYak」（イックヤック）などが挙げられますが、どのサービスもユーザーのプライバシーを第一に捉え、友人や家族にも言えない本音を安心して打ち明ける場として人気を博しています。たとえば元グーグルのエンジニアが立ち上げたSecretは、公式ブログ記事を通して、自社のセキュリティポリシーを丁寧に、一般人にも技術者にもわかりやすいように説明したり、コミュニティのガイドラインを明示したりしています。このような姿勢は今後、情報セキュリティに対して意識的な事業者のひとつのロールモデルになりえるのではないかと僕は考えます。

同時に、「インターネット上で最も安全な場所」を標榜するWhisperが最近、『ガーディアン』誌の記者によって、オプトアウトを選択しているユーザーの位置情報を記録していることが暴露されたことも忘れてはいけないでしょう。

その他の関連動向としては、インターネット上で市民の権利を保護する活動を行っている電子フロンティア財団（Electronic Fronteer Foundation, EFF）は「Do Not Track」（追跡拒否、ドゥ・ノット・トラック、略称ＤＮＴ）ポリシーという仕様をサービス事業者が採用するよう提案しています。Do Not Trackの仕様を採用したサービスでは、利用者が自分の行動をサービス側に記録されないまま利用できるオプションが提示されます。

この仕様はまだ生まれたばかりですが、第2章でも触れたブログサービス「Medium」（メディアム）が積極的に採用しています。そして、フェイスブックが利用者の行動記録データを広告配信目的に使用していることに対するアンチテーゼとして、ユーザーのデータを一切広告目的に使わないと宣言している「Ello」（エロー）というソーシャルネットワークサービスも高額の投資を受けて注目を浴びています。

こうした動きは、情報サービスの事業者が利用者との信頼関係を積極的に構築しようと努めることが今日の多くのインターネット利用者にとって魅力的に映っている証拠だとすれば、とても希望をもてる兆候だと僕は思います。

## 情報社会は常に変化に開かれている

スノーデンによるＮＳＡの違法行為の暴露によって、どれだけの人々が情報セキュリティやプライバシーに関する自らの権利について意識するようになったかどうか、まだ確かなことは言えないですが、すでにそのような定量的な傾向を示す報告も上がっています。結果的に、ユーザーに対して真摯な姿勢を取るサービスの需要が高まっていくとすれば、スノーデンの命がけの行動は実を結ぶことにつながるだろうと思います。

今後、情報社会で支持を集めるようになる情報の設計者は、サービスの再帰率を手段を選ばず高めようとする者ではなく、利用者の共同体との信頼関係を構築し、維持しようとする人間になるでしょう。言い換えれば、それはサービスを利用する人々の現実像の主体的な生成を尊重するような情報のデザインを行うということです。

そして、中長期的には、後者のスタンスのシステムは信頼を勝ち取り、結果的に高い再帰率も獲得し、事業として成功する可能性も高まるでしょう。そのためにも、テクノロジーの発展そのものを目的化するのではなく、常に人間性の視点からサービスの価値を論じようとする精神をもつ起業家が増えてくることが望ましいと思います。

同時に、サービスの提供者だけではなく、サービスの利用者たちもまた、新しいパラダイムの構築に向けて、各々の考えをまとめて、建設的な議論に参加していく必要があると考えます。情報社会のリテラシーというものが存在しうるとすれば、それは各種ソーシャルメディアを使いこなすなどといった表層的な知識のことではなく、わたしたちが使っているサービスがどのようなアルゴリズムで動いているかということを大まかにでも理解し、よりよい代替案を提示する能力ではないでしょうか。

そのためには、「サービス対利用者」という対立軸ではなく、「サービスと利用者」が手をとりあってよりよい情報環境を協働しながら構築していくというビジョンを共有するべきです。個別のサービスは、それ自体が開発者と利用者のコミュニティとして、まさに民主的なプロセスを経るべきなのです。

インターネットが当初の少数の専門家や研究者たちのための理想郷であった状態を脱し、数十億人が生活する複雑怪奇な地下都市の様相を呈しはじめてからすでに長い時間が経っていますが、だからこそ、より良い情報環境の在り方を提案し、議論できる土壌がますます必要とされています。

そして、現代の開かれたインターネットを支え、すべてのAndroid携帯の根幹でもある基本ソフトウェアのLinux（リナックス）のオープンな開発過程で生まれた金言として有名な「十分な数の衆人環視があればほとんどの問題は潰せる」というリーナスの法則[17]を思い出せば、悪いシステムが目の前にあるのであればより良いシステムが構築可能であるという再定義可能性、つまり根源的な意味において「オープンである」というインターネットの価値は依然その輝きを失ってはいません。僕たちがより人間の自然に近い現実像を取り戻す機会は、まだこの世界に溢れかえっているのです。

## コンピュータの摂理から人間の自然へ

この章では、情報が溢れる僕たちの社会のなかで人間の心と情報技術の関係をとらえるためのコンパスの必要性を説明して、情報の摂取と表現に基づくコミュニケーション観を解説しました。そして社会のなかで情報を媒介する仕組みとしてのメディアに注目し、人為的な編集に基づくマスメディアとアルゴリズムによる編集に基づくソーシャルメディアの区別を解説し、情報社会の現実像がいかに情報の摂取に関係する技術によって影響されるのかということを考えてきました。

そして情報技術によって人間の行動が一方的に監視されるという認識から、人間とアルゴリズムが協働するという意識への転換を経ることによって、個々の人間の主体性を維持しながら情報社会をつくりあげる可能性について語ってきました。

ここで示した考え方は実は情報技術に限定されるものではなく、人間同士のコミュニケーション全般にかかわるものです。コミュニケーションを行うことが自分のなかで生まれた意味や価値を表現し、相手に摂取してもらうということだと考えれば、情報の表現や摂取を行うための道具や情報技術をつくって世に広めることもまた一種のコミュニケーションとしてとらえられるでしょう。

情報技術を使う人の情報の循環にどのような影響を与えるのかということを技術をつくりながら考え、実装すること。それこそが電脳的な存在である現代の人間が、どのように自分の心と社会全体を調停できるのかということを議論する土台となるはずです。

# 4　電脳のレリギオ

ここまで本書で僕が述べてきたことは実践からにじみ出た原理のイメージであって、「こうすれば必ずうまくいく」というような方法論の提案ではなく、むしろ情報社会をよりよくいきるための「よいコンパス」を自分でつくり上げるための素材と道具を提供してきたつもりです。

マニュアルや教材のような固定的な指標は今日の情報社会に溢れかえっていますが、最も信頼できるコンパスの素材となるのは実践を通して蓄積する経験なのだと思います。

他方で今日、人間の経験や思考を飛び越えて、非常に便利なコンパスとして機能してしまう情報技術が数多く発展しているわけですが、そのように精神のコンパスを外部化することと引き換えに何を失っているのかということを、僕たちはもっと考えたほうがいいでしょう。

僕自身、この大きな問題について、まだ明快な答えを持っているわけではないのですが、現時点では、人間と情報技術がつながることよりもむしろ、人間同士がお互いに注意を払うことを情報技術が支えることが、人間の心が情報社会とよりよく接続するための「電脳のレリギオ」をつくることにつながるのではないかと考えています。

## 人間同士の注意

第2章で紹介したPicseeを自分自身で使うようになってから、「まなざし」という言葉がよく脳裏をよぎるようになりました。本当に見るべきものは、親しい人たちが写真という形で見せてくれているものだけではなく、その写真に写っているものや光景を見ている彼ら彼女たちのまなざしなのではないか。そのようなことを考えるようになりました。

発達心理学にジョイント・アテンションという概念があります。日本語にすると「共通の注意」という意味で、「共に同じことに注意を向けている」状態を指します。まだ小さい赤ちゃんは、母親や父親などの家族のメンバーと一緒にジョイント・アテンションを繰り返し経験することで、自他の境界や社会性が育まれると言います。僕はこの「共通の注意」こそが人間同士の敬意や親密さを生みだす、あらゆる社会関係のベースだと考えています。Picseeの開発と日常的な利用を通して逆説的に感じたのは、特にスマートフォンが本格的に普及しはじめてから、いかに情報システムからの注意喚起が増えてきたかということです。わかりやすい例で言うと、道を歩いていても電車の中にいても、ふと見渡してみると、大半の人がスマートフォンを凝視している。外での食事中や家で家族といる時にも、さまざまなプッシュ通知がそれぞれのスマートフォンで鳴って、ついつい見てしまう。

つまり、ニュース、知人から友人まで、社会のさまざまな階層のいろいろな存在から常に注意を促されるという、アテンションの洪水ともいえる事態が起こっています。もちろん、不必要な通知設定をどんどん切っていけば、通知の煩わしさからだいぶ解放されるとは思います。しかし、初期状態ではそれぞれのサービスが利用者の注意を引こうと、最大限の通知が発信されるようにデザインされています。

Picseeでは相対的に、つながりたい人とだけつながる設計になっているので、オープンなネットワークのように「人気の投稿」や「みんなが見ている記事」といった全員に対する注意喚起とは無縁です。加えて、テキストを送り合うことが主眼であるメッセンジャーアプリよりも注意の強制力が弱いということも挙げられます。

これは文字情報によるメッセージの場合、用事や用件といった返信が求められる性質が強いことに対して、Picseeにおける「これをあなたに見せたい」という写真メッセージの場合はそうした強制感が生まれないからだと考えています。Picseeの閉じられた場で親しい人たちと撮り合う写真はいわば「件名のないメール」のようなものなのです。

つまりPicseeでは遠くにいる人同士でもジョイント・アテンション、現実世界で一緒にいる人と共有するような「共通の注意」が得られるのです。インターネット側から送られてくる情報の世界に関する注意喚起によって現実世界の注意が絡み取られることを減らすことで、インターネットと現実世界の注意が調和するようになれば、情報技術によって現実世界の人間関係もより豊かにすることが可能なのではないか。Picseeで家族や友人のまなざしを日々視るうちにそのように思うようになりました。

自分たちで新しく作り出した情報技術を介したコミュニケーションの経験を通して、めまぐるしく情報が飛び交う中で、家族や友人たちといった親しい存在が占める位置が徐々に大きくなる。この発見のプロセスは、無意識に希求していたけれども、作ってみるまでは明確な形を与えることのできなかった価値への気づきでした。それは言い換えれば、人間にとって最も重要なのは、情報技術を介しているとしても、結局は生身の人間の存在なのだということです。

## 人間固有の価値

僕たち人間は自分たちが内側に取り込む情報だけではなく、同時に外側に向けて作りだす情報の反映でもあります。情報技術の道具によって僕たちの現実像の生成のされ方が影響され、自分という主体性の輪郭を浮かび上がらせる力としてのレリギオの形も変化させられていきます。その時、僕たち自身と僕たちの現実がどのように変化していくのかを映し出すコンパスが必要となるでしょう。

情報社会においては、僕たち自身よりも僕たちの挙動について知っているかのようにみえるビッグデータや人工知能と呼ばれる技術がコンパスとして存在しています。しかし、コンピュータが計算する情報は、人間がそれを摂取してはじめて意味や価値が表現されうるものです。そして計算の方法つまりアルゴリズムは結局は人間が書くものです。

社会そのものを一つの動的な生命構造としてみなした時に、その治安、流通、生産といったマクロな健康状態についてビッグデータが診断や予防を行うということは、政策や法律が個々人の権利を守り、利益を与えることと似ています。

しかし、計算対象を個々の人間の単位にしぼった時、情報技術を未来を決定してくれる神託として受け取るか、あくまでも現在を映し出す鏡と見て取るかということによって僕たちの行動に決定的な違いが生まれるでしょう。

コンパスとしての情報技術は、個々人が自らを構成する身体的そして精神的な要素のミクロな推移に気づき、自らの行動にフィードバックを起こし，理性と感性が連動することを助け、人間の在り方を外部から決定しようとする力に抗うための手立てとして捉えることができます。そして道具としてのコンパスはそれ自体が目的ではないので、いつでも作り変えることができるものでもあります。

他方で、第2章でも紹介したように、ペインとペインキラーという、工学系論文における「問題と解決」というテーマ設定と相似している思考方法は、誰にでもわかりやすく、そのために規模を拡大しやすい反面、個々の人間の個性を画一化してしまう欠点もあります。「つくってみなければわからない」、事前に名付けえぬもの、予測しようのないものの中に価値を見いだせるのは機械ではなく人間にほかならないのです。

ビッグデータ解析技術や人工知能は、ますます人間の心の領域に入り込んできています。ある特定の情報の提示の仕方を行えば、高い確率で特定の反応が返ってくるということについても、ゲームや映画などのエンターテインメントと芸術文化の世界ではデータが蓄積されてきています。あたかも私たち個々人が感動したり感銘を受けたりすることが確率論的に決定されている世界がすぐそこまで来ています。

僕はものすごく天邪鬼なので、そのようなつまらない世界が到来したら絶望して死んでしまうでしょう。それではどうするかと考えれば、やはり引き続き、計算や推測に絡め取られない、人間に特有の価値を人間に気づかせるような情報技術の在り方を探っていきたいと考えています。

## 読むことは書くこと

人間の心（意識と無意識が脳と身体を通して複合している状態をイメージしていますが、それは古来から人間が魂と呼んできたものも含むかもしれません）とは、心の輪郭がつくられる動き、つまり自分を構成するさまざまな断片を現実世界と連動させて再接続（レリギオ）しつづけるプロセスそのものです。

そして心と情報が密接に関係しているとすれば、僕たちが日々目にする情報の流れを制御する諸々の技術が私たちの心に及ぼす影響も決して小さくないでしょう。あらゆる技術決定論や工学的エリート主義に人間が抗うためにも、心をつくることに関する技術をつくることの重要性は今後とも増していくでしょう。

その時、僕たちが消極的に技術を使う／技術に使われるという関係しか結べなければ、それこそ情け容赦も因果応報もない、とても心が貧しい世界に適応するようになるでしょう。しかし僕たちは、その第一歩がどんなに小さく非力に思えるとしても、積極的に技術をつくる／技術につくられるという創造的な関係を結び始めることも可能なのです。

その最良の第一歩であると僕が考えている「プログラミングを学ぶ」ということは、英語などの語学を学ぶ程度のテクニカルな事柄に過ぎません。しかし、語学を学ぶことを通じて人間世界の豊穣な広がりに踏み入れるきっかけが与えられるように、プログラミングを通して計算機技術の深い可能性を知り、アルゴリズムが人間に寄り添うことによって心にも正のフィードバックを与えることができるという気付きを得ることができます。

僕はすべての人が物書きになるべきだとは全く思っていませんが、より多くの人が文章を書くことを楽しみ、嗜むことによってより深く、多様な世界観や感覚の存在に気づけるだけではなく、日々目にしている文章や言葉への観察力も鍛えられ、結果的により良い読み手になるのではないかと思います。

同様に、すべての人がプログラマーになるべきだとも考えていませんが、たとえば趣味を通してプログラミングに親しむだけで、日々自分が摂取している情報の流れに対する観察力が上がり、その結果自分が表現している情報の質であったり、より良い情報のバランスを維持できる確率が上がるのではないかと考えています。

## 電脳のレリギオ

文章を書くこととソフトウェアを書くことは共に「祈る」という点で似ています。「祈り」とは具体的には期待できないけれども「願う」こと、ではないでしょうか。文章を発表する場合は、読者がそこに内包されている情報を摂取した結果、新たな表現が生まれることを祈ります。

それはソフトウェアやサービスを公開する時に、それが利用者にとってより良いと感じられる現実像の生成であったり、その利用者自身の心と現実の再接続（レリギオ）が生まれることを祈ることと基本的に同じであると僕は考えます。

そして、書いたことや作ったことに対する生身の応答を読者や利用者からフィードバックされる時ほど、一著者もしくは一開発者としての現実像が煌々と拡張されることを感じられる時はありません。僕にとっての「再接続（レリギオ）」とはつまり、自他の境界が開かれ、予測できなかった情報の応酬を通して、互いの価値を摂取し、新しい価値が表現される時、つまりコミュニケーションという行為が有効に作動している光景の美しさにほかならないのです。

別の言い方をすれば、自分が「良い」と思うもの、価値として認めていることが現実の一部を形成していると感じられる時、人はレリギオを体感するのではないでしょうか。であれば、情報社会の不和を調停するためには、相互のレリギオが互換性を持てるようにコミュニケーションをデザインしていく必要があると言えるでしょう。

本書ではレリギオという考え方を、本来「宗教」(religion) が担ってきた、個人のアイデンティティが結像することを助け、個々人のつながりである社会システムの作動を支えてきた機能を、特定の儀礼的宗教に特権化することなく、あくまで世俗的に考えるための概念として提案しました。

そのうえで、「人間を幸福にするための情報技術」という暗黙の技術決定論に陥いることも回避しなければいけません。情報技術がブラックボックスな教養となってしまえば、それは悪しき宗教と同様の特権的な政治システムの普及を促進するだけでしょう。そうではなく「人間が自ら精神と現実を再構成することを助ける情報技術」という人間中心的な技術論を根底に据えることで、たとえば「情報技術をどのように使うべきか、もしくは使ってはいけないのか」というような価値判断の基準を議論することが可能になります。電脳の時代において人間が人間たりえるのか、そして人間の心とはどういう存在なのか、その答えは僕たち個々人の日々の小さな摂取と表現の連鎖のなかで現れていくでしょう。

# あとがき

この本は、僕が手を動かしながら考えていることのエッセンスを走り書きしたノートのようなものです。そのため、表題から本来は湧き出るはずの多様なテーマを深く掘り下げるということよりも、問題提起の要点をまとめて並べるというスタイルをとり、これまで書いてきた本のように、多数の研究者や識者が作り上げてきた概念を引用しながら書くというスタイルをあえて放棄して、なるべく人と会話する時のように自分の言葉で表現することを心がけました。とはいえ、僕の現在の思考はこれまで読んで学んできた多くの人々の考えや活動を摂取し、表現した結果であることには変わりありません。本書の根底にある専門的な議論や参考文献にご興味のある方は、末尾に付した著作リストをご覧ください。

願わくば、本書の内容を読者が多様な摂取の仕方をして、各自の表現をネットや現実空間に放っていただければ、著者としてそれ以上嬉しいことはありません。

こうしてひとまず書き終えた今も、哲学のみならず特に宗教学や文化人類学との関連で書きたいアイデアが頭の中を浮遊しています。たとえば死後の個人情報の取り扱いであったり、「忘れられる権利」と報道の問題といったトピックは現在進行形で法的、社会学的な観点から注目が集まっている領域ですが、情報技術の観点からの提案を考えることもできるはずです。

そして何より、欧米では情報技術が精神の良好な状態にどのように寄与できるのかということが「well-being」（ウェルビーイング）や「mindfuless」（マインドフルネス）といった概念と共に議論が始まっています。これらについては開始されたばかりのホットトピックということもあり、僕自身が全体を把握するにはまだ勉強が足りないのであえて言及は避けましたが、日本およびアジアならではの東洋的なwell-beingのビジョンを提出することも今後重要となってくるでしょう。本書を書きながら発見したこの大きなテーマについては、今後とも研究と活動を行っていきたいと考えています。

本を書くということは、手を動かして何かをつくりながら考えるという小さい経験の積み重ねによってしか成し得ないことだと思います。その意味でも第2章で紹介しているPicseeを一緒に開発してきた株式会社ディヴィデュアルの遠藤拓己と山本興一の二人の存在なしには、この本は書けなかったでしょう。いつもながら、二人との協働に感謝します。またコミュニケーションテクノロジーを通して人々が何を本質的に望んでいるのかということへの気づきを与えてくれ、現在はPicseeのコミュニティディレクターを務めてもらっている江原理恵さんにも感謝の念を記します。

この本はまた、サービス開発やＮＰＯの活動を行う過程で執筆と思考の機会を与えていただいた多くの方々のご厚意なくしても書けませんでした。西垣通先生（東京大学名誉教授・東京経済大学教授）、『現代思想』編集部の押川淳さん、角川学芸出版の佐藤律子さん、『WIRED』編集部の若林恵さんと年吉聡太さん、そしてnumabooksの後藤知佳さんに心より感謝申し上げます。また、いつも未来志向のディスカッションをさせていただいている『ＩＴビジネスの原理』著者であり、「カタリスト＝触媒」を自認されている尾原和啓さんには深いレベルでのインスピレーションと勇気をいただいてきました。ここに特別な感謝の念をお伝えします。

この本を書くきっかけとなったのは、二〇一四年五月に早稲田大学の講堂で行った学部生四〇〇人向けの講義でした。その後に学生たちからの熱量の込もったレスポンスシート数百枚を読み、情報技術によって人間がどう変わるのか、ということに対して二〇代前半の若い人たちが本質的な興味があるのだという気づきをもらいました。この講義に招いていただいた、学部時代での授業から博士論文の審査までお世話になってきた恩師の草原真知子先生（早稲田大学教授）に深謝いたします。

そして、社会人になりたての頃からご指導をいただいてきた恩人であるＮＴＴ出版の柴さんとは一〇年以上にわたって哲学から文学まで、実にさまざまなことについてお話しさせていただいていましたが、今回ようやく本書という一つの形に結実できたことをとても幸せに思います。改めてありがとうございました。

## 註

1 さらにいえばラテン語の多くは古代ギリシャ語からも多大な影響を受けており、ラテン語のinformatio の「form」はギリシャ語で「形」を意味するモーフ（morph）（現代英語でもメタモルフォーゼやモーフィングといった言葉に見られます）を起源としていると言われています。また、古代ギリシャから存在するプレロフォリア（plérophoria、πληροφορία）は「意味を十全に伝える」という意味であり、現代ギリシャにおいても英語の information の訳語として使われているそうです。

2 アーカイブを作る職業のこと。筆者は NTT InterCommunication Center［ICC］という東京にあるメディアアートセンターの開かれた映像アーカイブ「HIVE」の企画・立ち上げ・運用を二〇〇四〜二〇〇六年の間に担当。http://hive.ntticc.or.jp

3 二〇一四年一二月時点のリグレトの対応機種はＰＣとガラケー。スマートフォンは未対応。http://rigureto.jp/

4 また、共和政ローマ時代の哲学者であるキケロは re-legere、「再び読む」という言葉から派生し、religio とは「読書や思考の流れを再び経る」という意味において宗教的儀式の重要性を唱えたと言われています。

5 たとえば stackoverflow.com は世界的に有名なプログラマー用Ｑ＆Ａサービス。

6 たとえば github.com が世界的に有名な分散バージョン管理サービス。

7 プライバシーへの配慮がサービスの利用を左右するということはフェイスブックも敏感に察知しており、フェイスブック以外のアプリを使いはじめる際に、フェイスブックアカウントの個人情報は秘匿して匿名のままフェイスブックのアカウント経由で利用登録が行える機能を提供しています。

8 本書は技術書ではないということと、技術動向の変化はとても速いので、こうしたノウハウについて詳しく紹介しませんが、僕のツイッターアカウント@dominickchenをフォローしていただいてコメントをいただければ、適宜リアルタイムでご紹介していきたいとおもいます。

9 サイバネティクスの系譜に位置づけられる基礎情報学では、社会的に共有される形で表現された情報を社会情報と呼び、それ以前に個々人それぞれの意識や思考の中で生まれる意味を生命情報と呼んでいます。

10 摂取と表現という用語に関するより専門的な記述は西垣通、河島茂生、西川アサキ、大井奈美編『基礎情報学のヴァイアビリティ——ネオ・サイバネティクスによる開放系と閉鎖系の架橋』（東京大学出版会、２０１４年）所収の拙稿「基礎情報学の情報システムデザインへの応用に向けた試論」をご参照ください。

11 くわえて言えば、僕たちの身体が従っている生理現象や物理現象の法則はさらに下位のレベルに位置づけられるメディア（情報を媒介する仕組み）だと捉えられるでしょう。

12 現実像という概念は情報学者・西垣通によって展開されています。詳細について知りたい方は西垣通『生命と機械をつなぐ知——基礎情報学入門』（高陵社書店、２０１２）を参照してください。

13 "Stephen Hawking: 'Transcendence looks at the implications of artificial intelligence - but are we taking AI seriously enough?'", The Independent, 2014.05.01, URL: http://www.independent.co.uk/news/science/stephen-hawking-transcendence-looks-at-the-implications-of-artificial-intelligence--but-are-we-taking-ai-seriously-enough-9313474.html

14　厳密に言えば、それぞれのユーザーの最新の情報を事前に集計してキャッシュに貯めるといった全体の計算量を減らす工夫を行っている可能性が高いと思われます。

15　ビッグデータの人道的活用の事例集としては、僕が監訳を務めたネイサン・イーグル＋ケイト・グリーン著『みんなのビッグデータ――リアリティ・マイニングから見える世界』（ＮＴＴ出版、２０１５）をご参照ください。

16　フェイスブックはもともとは友人関係を承認しあった人同士だけがお互いの投稿を見られる閉じられたソーシャルネットワークとして始まりましたが、利用者が増大した現在はビジネスパーソンなどが知らない人とも積極的につながり、また著名人もツイッターのようにフォロワーに向けて投稿するといった開かれたネットワークとしての使われ方が増えています。

17　十分な数のベータテスターと共同開発者がいれば、ほとんどの問題が素早く顕在化され、修正方法も明らかになる」という意味のエリック・Ｓ・レイモンドによる「given enough eyeballs, all bugs are shallow」の意訳です。

初出一覧

第2章 中盤 『現代思想』41-17（2013/12）特集：現代思想の論点21 所収「ビッグデータ以降における思想の社会実装について」

第2章 後半 Picseeブログ「「親しみ」をインターネットに実装する」
http://blogjp.picsee.cc/post/105920341098

第3章 前半 角川インターネット講座『第6巻 ユーザーがつくる知のかたち 集合知の深化』所収「情報の哲学としてのサイバネティクス アルゴリズムと現実像」

第3章 後半 WIRED「インターネットの未来は、「監視」から「協働」へ」
http://wired.jp/2014/12/04/from-watching-to-cooperation/

いずれも大幅に加筆・改変。その他は書き下ろし。

## ドミニク・チェン著作リスト

単著

『インターネットを生命化する　プロクロニズムの思想と実践』（青土社、２０１３）

『フリーカルチャーをつくるためのガイドブック――クリエイティブ・コモンズによる創造の循環』（フィルムアート社、２０１２）

共著

西垣通、河島茂生、西川アサキ、大井奈美編『基礎情報学のヴァイアビリティ――ネオ・サイバネティクスによる開放系と閉鎖系の架橋』「基礎情報学の情報システムデザインへの応用に向けた試論」（東京大学出版会、２０１４）

渡邊淳司編著『いきるためのメディア――知覚・環境・社会の改編に向けて』「コミュニケーションとしての統治と時間軸の設計」（春秋社、２０１０）

翻訳

ネイサン・イーグル、ケイト・グリーン著、ヨーズン・チェン訳、ドミニク・チェン監訳『みんなのビッグデータ――リアリティ・マイニングから見た世界』（ＮＴＴ出版、２０１５）

**著者略歴**


ドミニク・チェン（Dominique Chen）

1981年東京生まれ。フランス国籍。カリフォルニア大学ロサンゼルス校卒業。東京大学大学院学際情報学府博士課程修了。博士（学際情報学）。NPO法人コモンスフィア理事。株式会社ディヴィデュアル共同創業者・取締役。著書＝『インターネットを生命化する　プロクロニズムの思想と実践』（青土社）、『フリーカルチャーをつくるためのガイドブック――クリエイティブ・コモンズによる創造の循環』（フィルムアート社）など。訳書＝イーグル＆グリーン『みんなのビッグデータ――リアリティ・マイニングから見える世界』（共訳、NTT出版）など。



電脳のレリギオ――ビッグデータ社会で心をつくる

2015年3月26日　初版第1刷発行

著　者　ドミニク・チェン
発行者　長谷部敏治

発行所　NTT出版株式会社
〒141-8654 東京都品川区上大崎3-1-1 JR東急目黒ビル
営業担当　TEL 03(5434)1010　FAX 03(5434)1008
編集担当　TEL 03(5434)1001
http://www.nttpub.co.jp/

装　幀　松田行正

印刷・製本　シナノ印刷株式会社



© Dominique CHEN 2015


Printed in Japan
ISBN 978-4-7571-0358-0　C0036


乱丁・落丁はお取り替えいたします。
定価はカバーに表示してあります。